入門 シュンペーター

資本主義の未来を予見した天才

中野剛志
Nakano Takeshi

PHP新書

JN148011

はじめに――シュンペーターのここがスゴい！

「創造的破壊」という言葉を聞いたことはありませんでしょうか。

「創造的破壊」というのは、例えば、スマホがガラケーを駆逐したように、新しい製品や組織が生まれて、旧い製品や組織を打ち負かすという、イノベーションの姿を表したものです。

この言葉を広めたのは、ジョセフ・アロイス・シュンペーター[1]です。

シュンペーターは、ジョン・メイナード・ケインズと並んで、二十世紀最大の経済学者とみなされています。

シュンペーターが活躍したのは二十世紀前半ですが、今日もなお、イノベーションの理論家として、特にビジネス界では大変人気の高い経済学者です。

もっとも、「シュンペーター」という名前は知っていても、彼の著作を実際に読んだことがあるという人は、なかなかいないのではないでしょうか。

ジョセフ・アロイス・シュンペーター（写真提供：ユニフォトプレス）

本書は、そのシュンペーターの理論をわかりやすく解説した入門書です。

日本は、一九九〇年代以降、三十年もの長きにわたって、経済が停滞しています。そして、日本企業は、イノベーションを起こせなくなったと言われています。

そんな日本経済や日本企業にとって、イノベーションの理論の父とも言うべきシュンペーターから学ぶことは、非常に重要であろうと思われます。

もっとも、シュンペーターの著作は、およそ八十年から百年も前に書かれたものです。「そんな昔の経済学者によるイノベーションの理論を学んでも、現代の世界では役に立つはずもない」と思われるかもしれません。

しかし、それは、まったく違います。

例えば、社会学者のフレッド・ブロックは、二〇一七年の論文の冒頭で、次のように書いています。

七十五年後に、シュンペーターの『資本主義・社会主義・民主主義』に立ち戻ることは、骨董いじりなどではまったくない。その反対に、現代の我々が置かれた政治経済状況を理解しようとする者にとっては、決定的に重要なことである。[2]

ちなみに、このブロックという人は、二〇一三年に、『ニュー・リパブリック』誌の「イノベーションに関する最も重要な三人の思想家」[3]にも選ばれた研究者です。シュンペーターの古典的著作は、現代のイノベーション研究の最先端を走る研究者たちに、今もなおインスピレーションを与え続けているのです。

そこで、本書は、このシュンペーターの主な著作について、初心者でも分かるように平易に解説していきます。

ただし、単にシュンペーターの著作を解説するのではなく、シュンペーターの影響を受けた現代の理論についても紹介していきます。

そうすることで、シュンペーターの理論が、今日《こんにち》の資本主義の本質を理解する上でも極めて有効だということを明らかにしていきます。

そして、日本経済が長い停滞に陥り、日本企業がイノベーションを起こせなくなった理由についても、はっきりすることでしょう。

その理由とは、「シュンペーターの理論とは正反対のことをやり続けたから」です。これに尽きます。


おそらく、本書を読んだ方の多くが、シュンペーターの天才ぶりに舌を巻くことでしょう。そして、「目からウロコが落ちる」という経験をし、資本主義に対する見方を大きく変えることになるでしょう。

本論に入る前に、シュンペーターの生涯と、社会科学における彼の影響の大きさについて、簡単に紹介しておきます。[4]
ジョセフ・アロイス・シュンペーターは、一八八三年に、オーストリア＝ハンガリー帝国領のトリーシュという小さな町に生まれました。この町は、現在はチェコ領になっています。

一九〇一年にウィーン大学法学部に入学し、そこで経済学者フリードリヒ・ヴィーザーの指導を受け、大学卒業後の翌年、すなわち一九〇六年に法学博士号を取得しました。一九〇八年に処女作『理論経済学の本質と主要内容』を発表し、一九一二年には、本書でも採り上げる『経済発展の理論』を発表して、新進の経済学者としての名声を確立しました。

第一次世界大戦後には政治や実業の世界にも進出し、一時期、オーストリアの蔵相を務めたり、銀行の頭取に就任したりしたこともありましたが、うまくいかなかったようです。

一九二五年にはオーストリアを離れてドイツのボン大学に移り、一九三二年にはアメリカに移住してハーバード大学の正教授となりました。この間の一九三一年には日本を訪問して、日本の経済学界にも大きな影響を与えました。

ハーバード大学では、シュンペーターは、数多くの学生を指導しました。その中には、ポール・サミュエルソン、ポール・スウィージー、ジェームズ・トービン、ハイマン・ミンスキーなどが含まれます。いずれもその後の経済学の発展に大きな貢献をした経済学者ばかりです。特に目を見張るのは、彼らの思想や学派が、主流派経済学、ポスト・ケインズ派、マルクス主義など、実に多種多様だということです。このことからも分かるように、シュンペーターは、学生に自分の思想を押し付けるような人ではなく、また、生前、学派を形成するようなこともありませんでした。

シュンペーターの主な著作には、『経済発展の理論』のほかにも、『景気循環論』『資本主義・社会主義・民主主義』『経済分析の歴史』などがありますが、いずれも大作です。

本書では、特に『経済発展の理論』と『資本主義・社会主義・民主主義』を中心に解説します。

シュンペーターは、一九五〇年に、この世を去りました。

シュンペーターが後世の社会科学に与えた影響は、計り知れないものがあります。経済学という学問に大きな影響を及ぼしたことについては、言うまでもありません。

しかし、シュンペーターは、狭い意味での「経済学者」ではありませんでした。もっと壮大な社会科学の理論家だったのです。しかも、非常に独創的でした。

今日、イノベーションに関する研究が著しく発展していますが、その出発点となったのは、明らかにシュンペーターです。イノベーションの研究者で、シュンペーターの影響から逃れている人はいないと言っても過言ではないでしょう。

シュンペーターの『資本主義・社会主義・民主主義』は、企業の組織形態や戦略の重要性に光を当てたものですが、この書は、産業組織論や企業戦略論への道を拓くものでした。

シュンペーターの『景気循環論』は、歴史的な視点から資本主義の発展過程を分析したことで、その後の経営史研究の先駆けとなりました。

また、シュンペーターの多大な影響を受けて、「進化経済学」という新しい分野が誕生し、大きく発展しています。

ほかにも、経済を社会学的なアプローチで分析する「経済社会学」という分野がありま す。この経済社会学を開拓した先駆者には、カール・マルクス、マックス・ウェーバー、エミール・デュルケーム、カール・ポランニーに加えて、シュンペーターの名も挙げられています。

さらに、『資本主義・社会主義・民主主義』は、民主主義についての新しい見方を提示し、民主的過程を分析する政治学の発展に貢献しました。
そして、シュンペーターの『経済分析の歴史』は、経済学説史という分野におけるバイブルとなっています。

それでは、早速、シュンペーターの著作をひもといてみましょう。
まずは、イノベーションの理論の金字塔『経済発展の理論』から始めます。
シュンペーターは、イノベーションについて、どんなことを語っていたのでしょうか。

入門 シュンペーター 目次

第一章

どんな人がイノベーションを起こすのか

第二章

資本主義とは何か

第三章 なぜ日本経済は成長しなくなったのか

第四章 創造的破壊とは何か

第五章

企業の成長戦略

第六章

どんな企業がイノベーションを起こすのか

第七章

シュンペーター的国家

第八章

資本主義は生き延びることができるのか

第一章

どんな人がイノベーションを起こすのか

◆企業者の役割を説いた『経済発展の理論』

今日、イノベーションの担い手と言えば、「起業家」が連想されます。その「起業家」の役割の重要性を説いた画期的な書として知られているのが、シュンペーターの『経済発展の理論』です。

『経済発展の理論』の初版が世に問われたのは、今から百年以上も前の一九一二年です。一九二六年には、内容が一部変更された第二版が刊行されました。

『経済発展の理論』の邦訳については、同書の第二版の翻訳である岩波文庫版（一九七七年）がありますが、最近（二〇二〇年）、同書の初版を翻訳した新訳が日経BP／日本経済新聞出版本部から刊行されました。

本書では、主に、後者の『シュンペーター　経済発展の理論』（初版）（以下『経済発展の理論』）によりつつ、必要に応じて、第二版の翻訳である『経済発展の理論』（岩波文庫）を参照することとします。

なお、「起業家」はドイツ語の「unternehmer」（英語の entrepreneur）の邦訳ですが、シュンペーターの著作の翻訳では「企業者」という訳語があてられています。そこで、本書では、シュンペーターの著作について議論する際は、もっぱら「起業家」よりも「企業者」という用語を用いることとします。

それでは、早速、『経済発展の理論』を読んでいきましょう。

◆発展する経済と発展しない経済

シュンペーターは、経済発展が起きるためには「企業者」が必要であると論じました。

その議論の出発点として、『経済発展の理論』（初版）では、**「静態的」**な経済と、**「動態的」**な経済という二つの類型を示しています。

「静態的」な経済とは、経済発展が起きない経済のことです。これに対して、「動態的」な経済とは、経済発展が起きる経済のことです。

ただし、前者の、経済発展が起きない「静態的」な経済システムというのは、静止した状態にあるということではない、とシュンペーターは注意を促しています。動きがないのではなく、生産や売買などの動きはあるけれど、既存の商品やサービスが取引を通じて経済システムの中を循環しているだけで、新しい商品やサービスが生み出されて経済社会が変化するようなことがない。このように、自ら変化することがない経済が「静態的」なのです。

ですから、仮に、何らかの理由で人口が持続的に増加して、そのことで経済の規模が大きくなったとしても、経済システムの性格が変化していない限り、それは「経済発展」とは言いません。単に「静態的」な経済が大きくなっただけです。

シュンペーターは、まずは「静態的」な経済とは何かを明らかにし、次に、それとの比較で、経済発展が起きる「動態的」な経済について論じました。

◆発展しない経済——需要と供給が一致している経済

それでは、まず、「静態的」な経済とは、どのようなものか、シュンペーターの議論をたどってみましょう。

「静態的」な経済とは、生産されるすべての商品に、そのはけ口としての消費者が常にいて、消費と生産設備がずっと同じ状態で維持されるような経済です。

言い換えれば、「静態的」な経済は、消費と生産、需要と供給が一致し、均衡・安定しているのです。
「静態的」な経済は、停止状態にあるわけではなく、動いてはいますが、その動きが自ら変化するとか、新しい動きが生まれるといったことはありません。同じ動きが繰り返されているだけです。

また、シュンペーターは、「生産」という活動は、何かを「創造」しているわけではなく、既存の物と力を「結合」しているのだと強調しています。[6]

例えば、工業品の生産は、原材料という「物」と、電力や労働力といった「力」を「結合」させることです。自然に存在していた「物」や「力」を引き抜いてきて、それを別の組み合わせにすることで、生産が行なわれるのです。

さて、**「静態的」な経済とは、需要と供給が一致している状態にある経済です。**

生産者の間で完全な自由競争が行なわれる場合、商品の需要と供給は均衡します。その時、企業の「純利潤」はゼロになっているとシュンペーターは述べています。

ここで言う「純利潤」というのは、「与えられた条件のもとで最善の用途と、それを選択することで断念しなければならない次善の用途との違いからくる差額」[7]のことと定義されています。

この需要と供給が均衡して純利潤がゼロになるという状態については、後で詳しく説明します。


さて、この「静態的」な経済に、「貨幣」を持ち込んでみましょう。

「静態的」な経済では商品の取引が行なわれるので、支払手段や価値の尺度としての「貨幣」が必要になります。

貨幣は支払いのための手段ですから、商品の流れを反映するものになります。ただし、貨幣の流れは、当然のことながら、商品の流れとは逆方向になります。


この「静態的」な経済においては、貨幣は交換の手段に過ぎず、それ以上の役割を果たしません。

例えば、貨幣は、貯蓄の手段になり得るはずです。しかし、「静態的」な経済では、貨幣を貯蓄する意味はありません。というのも、「静態的」な経済では、需要と供給が均衡しているので、消費のために使う量以上に貨幣を保有しておく必要がないからです。

以上が、シュンペーターの言う「静態的」な経済、つまり発展しない経済です。

実際にシュンペーターが『経済発展の理論』（初版）で展開した議論は、これよりはるかに複雑で難解です。しかし、簡単に言えば、おおむね、このような理解でよいと思われます。

◆新結合――イノベーションの本質

それでは、「動態的」な経済（発展する経済）とは、どのような経済なのでしょうか。それは、「静態的」な経済（発展しない経済）とは、何がどう違うのでしょうか。

言うまでもなく、経済発展の原動力は、まったく新しい価値を生み出す活動、いわゆる「イノベーション」です。**「動態的」な経済では、イノベーションが起きますが、「静態的」な経済では、イノベーションはあり得ません。**

シュンペーターは、イノベーションという活動の本質は、**「新結合」**であると述べました。

先ほど見たように、生産とは、既存の物や力の「結合」です。

この物や力の「結合」のパターンを変革して、まったく新しい組み合わせの「結合」を行なうことが「新結合」、すなわちイノベーションだということになります。

シュンペーターは『経済発展の理論』（第二版）の中で、「新結合」を次の五つに分類しました。

(1)新しい財貨、すなわち消費者の間でまだ知られていない財貨、あるいは新しい品質の財貨の生産
(2)新しい生産方法、すなわち当該産業部門において実際上未知な生産方法の導入。商品の商業的取扱いの新方法も含む
(3)新しい販路の開拓、当該国の当該産業部門が従来参加していなかった市場の開拓
(4)原料あるいは半製品の新しい供給源の獲得
(5)新しい組織の実現、独占的地位の形成あるいは独占の打破[8]

このように、シュンペーターにとっての「新結合」とは、新製品のみならず、生産プロセスの革新、新市場の開拓、原材料の新しい供給源の開拓、そして組織の革新までも含む広い概念でした。

◆新結合と純利潤

先ほど述べたように、「静態的」な経済では、純利潤というものは存在しません。しかし、新結合が行なわれる「動態的」な経済では、純利潤は存在し得るとシュンペーターは考えました。

例えば、手織機《ておりばた》による労働だけで繊維製品の生産が行なわれていた「静態的」な経済において、力織機《りきしょっき》による生産という新結合を実現した企業者がいたとします。そして、その力織機によって、一人の労働者がこれまでの六倍の製品を製造できるようになったとします。すると、その企業者は、手織機から力織機に乗り換えたことによる劇的なコスト削減効果によって、「純利潤」を手に入れることができます。

この場合の「純利潤」とは、力織機で生産した場合に得られる利益と、手織機で生産した場合に得られる利益の差額のことです。

こうして、新結合は、企業の純利潤の源泉になるのです。

もっとも、この純利潤を生み出す力織機に魅了されて、これを導入する事業者が次々と現れたとします。そうすると、繊維製品の生産は増加し、事業者間の競争は激化し、力織機を導入しなかった企業は淘汰されるといった業界の再編が引き起こされます。そして最終的に、すべての事業者が力織機を使うようになる。そうなったら、企業の純利潤は消滅し、経済は再び「静態的」になるでしょう。

このように、新結合は企業の純利潤を生み出しますが、それは、基本的には、一時的なものに過ぎないのだとシュンペーターは論じています。[9]

◆イノベーションの障害

ただし、新結合あるいはイノベーションは、そうめったに起きるものではないことは言うまでもありません。

どうして、イノベーションは、起きにくいのでしょうか。

イノベーションを妨げる要因について、シュンペーターは、三つ、挙げています。

そのうちの一つは、資金の制約があるからですが、これは当然の話なので、シュンペーターは深く掘り下げようとはしません。

彼がもっと重視しているのは、残りの二つの要因です。

> その一つは、社会環境が、経済的行動を変えようとする者に出会ったときに生じる抵抗である。（中略）同じ社会、あるいは社会圏に属する他の人と違った服装をし、振る舞いや生活習慣でも違いが目立つようであれば、そのなかで反感を買うことになる。[10]

これには、同意する人が多いでしょう。

集団、組織あるいは社会の中では、人と違ったことをやると、白い目で見られがちだというのは、よくあることです。そういう社会的な同調圧力がイノベーションの妨げになるというのは、容易に理解できるでしょう。イノベーションとは、人と違ったことをやることだからです。

シュンペーターは、イノベーションの障害について、もう一つ、挙げています。

抵抗の第二グループは、個々人の胸のなかにある。新しいやり方をするより古いやり方を守る方が容易に思えるというのは、心理的な事実でもある。（中略）新しいやり方は、誰にも可能とは言えない、これまでとは違った種類の新奇な意志の用い方が要求され、今までとは違った新しい危険を絶えず含んでいる。私たちは肉体的にも心情的にも、きまった生活様式、きまった行動様式のなかで生きていくように作られている。[11]

これも、そのとおりでしょう。

人間というものは、人によって程度の差はあれ、習慣に従って行動する動物であり、保守的な本性をもっています。これまでやったことのないことに挑戦するというのは、普通の人にとっては、面倒くさいものです。

◆「快楽主義的」な人と「精力的」な人

そうだとすると、イノベーションを起こせるのは、社会的な抵抗や心理的な抵抗に屈することのないような、特異な人格の持主だということになります。

シュンペーターは、人間行動の類型を、**「快楽主義的」**と**「精力的」**に分けます。快楽主義的な人間というのは、自分の欲求を満たすためだけに働き、それ以上のことはしないような人たちです。

快楽主義的な行動は、「静態的」な経済における行動であるとシュンペーターは考えました。

「静態的」な経済では、「ほとんど誰もがその視野の及ぶ範囲で経済合理的に行動している。例外はほとんど重要ではない。誰もが自分の財の利用可能性のなかで正しい選択を確実に行い、深く考えることなしに、慣れ親しんだ市場で自信をもって適切なことを行う」[12]。

このように、「快楽主義的」とは、「経済合理的」とも言い換えられています。

「快楽主義的」な人間は、自分を拘束する条件を受け入れ、それに逆らおうとはしません。与えられた条件の下で、自分の欲求を満たすように合理的に行動するのです。「さらに快楽主義的な動機は、決断力に乏しく、旧来の軌道にとどまる人の特徴ともなっている」[13]とシュンペーターは付け加えています。

要するに、**「快楽主義的」＝「経済合理的」な人間は、イノベーションを起こすような者ではない**ということです。

◆「行動の人」

それでは、「快楽主義的」な人間と対比される、「精力的」な人間とは、どのような人なのでしょうか。

シュンペーターによれば、**「精力的」な人間とは、自分を拘束する条件に抵抗し、新しいことをやらずにはいられないようなタイプの人です。それは、「行動の人」です。**

「精力的」な人間あるいは「行動の人」は、「快楽主義的」な人間とは異なり、社会の同調圧力や習慣といった拘束にはとらわれません。

「行動の人」（Mann der Tat）は、経済の分野でも、既存の軌道の外にあっても、その内にある場合と同じ強さで決然と行動する。今までなされたことがないという事実は、彼にとって行動をためらわせる理由とはならない。通常の経済主体にとって行動を規制する固い枠となっている障害は、彼には感じられない。彼が予見するさまざまな可能性も、それがすでに実現されているかどうかという基準で区別されることはない。彼はすべての可能性を同じ明瞭さで見て取り、そのなかからこだわりなく選び取るのである。すべての可能性が、彼にとって同じように現実的なのである。[14]

シュンペーターは、**「精力的」な人間は、「快楽主義的」な人間のように、与えられた環境に適応しようとはしない**ことを強調します。

しかし、静態的な経済主体がその特徴でもある「受動的な」やり方で所与の条件から帰結を引き出すのに対し、私たちの「行動の人」は行為に新しい姿を与える。彼は所与の条件に新しい形を与え、それを新しい連関のなかに導入する。それは、偉大で創造的な芸術家たちが彼らの技芸にある伝統的な要素を使ってそうするのと同じである。また彼は、静態型経済主体が毎年おこなうことのできる経済活動の様式を変える。そうした行動は、強制された適応への営為と解されてはならない。彼の行動は静態的な行動と本質的に異なったものであり、本質的に異なった現象を生み出している。[15]

ここでシュンペーターは、精力的な「行動の人」がやることは、「偉大で創造的な芸術家たちが彼らの技芸にある伝統的な要素を使ってそうするのと同じ」だと述べています。

このことから分かるように、「行動の人」こそが、既存の物や力をまったく新しい形で組み合わせる「新結合」すなわちイノベーションを行なう者だとシュンペーターは考えているのです。

◆自分で需要を創造する

さらにシュンペーターは、イノベーションの担い手である「行動の人」には、精力的であることに加えて、もう一つ、重要な特徴があると指摘します。

「行動の人」は、需要に応じて供給するのではなく、自ら需要を創造するというのです。「市場の声を聞く」などという受け身の姿勢ではなく、自分で市場を創造すべく、行動するのが「行動の人」なのです。

私たちの「行動の人」は、既存の需要やすぐに期待できるような需要に単純に応じるのではない。彼は自分の生産物を市場に押し付けるのである。もっともこうしたやり方は、実業家なら誰もがよく知っていることである。新製品を市場に導入しようとするなら、重要なことは、それを使うよう人々を説得し、場合によっては強制することである。最初は利益を上げるに遠く、損失が出るが、それでも製品の重要な要素に関心をもたせるように努力するのである。（中略）どんな新しい機械もどんな新しい嗜好品も、既存の需要の圧力によって生み出されたものではない。例外的にはそういうこともあるが、その例外もすでに存在する経済発展によるものである。[16]

なるほど、言われてみれば、そのとおりです。

企業は、新しい製品を市場に投入する時は、盛んに広告・宣伝を行なって、消費者の購買意欲をかき立てようとするのが一般的です。企業は、新製品を供給した後で、その需要を作り出そうとするわけです。

確かに、画期的な新製品というものは、これまで世の中に存在しなかった製品なので、それに対する需要も世の中には存在しないという場合が多い。

例えば、スティーブ・ジョブズ率いるアップル社がiPhoneを初めて市場に投入する以前に、iPhoneのような製品が欲しいという需要が明確にあったというわけではありません。iPhoneが登場した後で、人々はそれを見て欲しくなり、そこでiPhoneの需要が生まれたのです。

つまり、スティーブ・ジョブズという「行動の人」が、iPhoneの需要を作ったのです。

◆「行動する人」の二つの動機

シュンペーターは、精力的な「行動の人」こそが、経済発展の原動力であると結論しました。

> 本書の目的にとって、私たちの注目する類型の存在意義は、探し求められた発展の原動力を彼のなかに見出すことにある。（中略）彼は経済そのものから発して経済の変化をもたらすが故に、経済的発展の原動力そのものである。[17]

経済発展の原動力が「行動の人」だということになれば、「行動の人」とはどういう人間なのか、その行動の動機まで分析したくなるでしょう。

シュンペーターは、「行動の人」の動機は、主に次の二つであると言います。

第一の動機は、**「創造的活動の喜び」**です。

経済における「創造的活動の喜び」とは、新しい製品や生産方法、あるいは新しい組織を生み出すことに成功した際に感じる喜びです。それは、芸術家や思想家の創造的活動における喜びと同じたぐいのものだとシュンペーターは言っています。[18]

経済活動とは、欲求の充足という快楽主義的な活動とみなされがちです。発展のない「静態的」な経済においては、確かにそうなのかもしれません。

しかし、経済活動の中にも、単なる欲求の充足を超えた、芸術家のような、創造的活動の喜びを求めずにはいられない行動というものもあります。そういう**非快楽主義的な行動が経済発展をもたらす**というのです。

第二の動機は、**「社会的な権力的地位につく喜び」**です。

人間は、ある程度までは、経済的な欲求の充足を求めて行動します。しかし、経済的な欲求が一定以上満たされるようになると、人間は、次に、「他者の上に立つ勝利の喜び」が欲しくなるものです。これも、単なる快楽主義的な欲求とは異なる動機です。「創造的活動の喜び」も「社会的な権力的地位につく喜び」も、それ自体が目的化していきます。いずれの喜びも、人間は、快楽主義的な欲求が充足した後であっても、追い求めていきます。その飽くなき追求に駆り立てられた活動が、経済発展をもたらす原動力となるのです。

◆企業者とは

まとめると、発展する「動態的」な経済を動かしている基本原理は、精力的活動と新結合です。「静態的」な経済や停滞する経済では、精力的活動や新結合は見られません。発展する「動態的」な経済とは、近代経済のことでしょう。もっとも、精力的活動や新結合は、近代以前の世界においても見られなくはありません。

しかし、経済分野における精力的活動が顕著に発展を遂げるようになったのは、近代になってからであるとシュンペーターは主張しています。そして、近代になって初めて、「企業者」と呼ばれる特別な経済主体が形成されるようになったと強調しました。

経済分野において、社会的な同調圧力や習慣の束縛など意に介さず、経済的な欲求の充足に満足せず、「創造的活動の喜び」と「社会的な権力的地位につく喜び」とに駆り立てられて精力的に活動する「行動の人」。

それがイノベーションの担い手であり、経済発展の原動力である「企業者」なのです。

◆シュンペーターの真意とは？

以上が、『経済発展の理論』の第一章と第二章の概要です。

イノベーションを起こす「企業者」が経済発展の原動力である。

そして「企業者」は、変化を嫌う社会的な圧力や習慣の束縛を跳ね返して、新しい事業に挑戦するような、エネルギッシュでクリエイティビティに富んだ人格の持主である。

シュンペーターが言っているのは、簡単に言えば、そういうことです。これには誰もが同意するのではないでしょうか。

しかし、同時に、このように感じた方もいるかもしれません。

「シュンペーターが言っていることは、百年前であれば画期的だったのかもしれないが、今では、誰もが知っている当たり前のことだ」

「だとすると、歴史学者はともかく、ビジネスマンや経済政策担当者といった実務家が、百年前の本を改めて読み直す意味など、ないのではないだろうか」

そう思われるのは、ある意味、仕方のないことかもしれません。というのも、今日、私たちが抱いている経済発展やイノベーションのイメージは、シュンペーターの影響を大きく受けて形成されたと考えられるからです。

言い換えれば、私たちは、『経済発展の理論』をじかに読んでいなくても、間接的には、シュンペーターから学んでいるというわけです。

ですから、シュンペーターの言っていることが当たり前に聞こえるのも、当然ではあります。

しかし、私たちがシュンペーターの影響を受けているからと言って、シュンペーターを正確に理解したとか、あるいはシュンペーターのレベルに達しているということにはなりません。

というのも、シュンペーターの真意が誤解され、その誤解が広まって、私たちに影響を与えているのかもしれないからです。

それでは、シュンペーターの真意とは、いったい何だったのでしょうか。

◆経済発展の理由がわかる新たな経済学

シュンペーターが『経済発展の理論』を書いた真意の一つは、実は、経済学という学問を革新することにありました。

言わば、『経済発展の理論』それ自体が、経済理論におけるイノベーションだったのです。

シュンペーターが挑戦した既存の経済学とは、アダム・スミスに始まり、デイヴィッド・リカード、ジェイムズ・ミル、そしてレオン・ワルラスらが発展させた市場均衡理論のことです。

先ほど説明したように、シュンペーターは、経済の類型を、「静態的」と「動態的」に分けました。

「静態的」な経済は発展しない停滞した経済であり、「動態的」な経済はイノベーションが起きて発展する経済です。

シュンペーターは「静態的」な経済がどのようなものかを描きましたが、それは、市場均衡理論の核心的な部分をより詳しく分析したものだと彼は言っています。[19]

つまり、**市場均衡理論を基礎とする経済学が想定しているのは、イノベーションが起きず、経済発展もない世界だということです。**

そうだとすると、**市場均衡理論をいくら学んだところで、どうしたら経済が発展するのかを理解することは不可能**ということになるでしょう。


十九世紀後半から二十世紀初頭にかけての世界では、経済発展という現象が目ざましく起きていました。

しかし、この現実は、当時の既存の経済学では説明することができない。

そこで、シュンペーターは、発展する「動態的」な経済という現実を分析できる新たな理論が必要だと考えました。

その理論こそが、『経済発展の理論』なのです。

◆ワルラスに会ったシュンペーター

このシュンペーターの真意は、『経済発展の理論』の日本語版の序文にも書かれています。

シュンペーターによれば、彼は、当初、レオン・ワルラス（1834－1910）の経済理論から大きな影響を受けていました。

ワルラスは、経済分析に数学的な手法を本格的に導入し、一般均衡理論を確立したことによって、主流派経済学の基礎を築いたとされる大経済学者です。

現在でも、この一般均衡理論をベースとした数学的な分析の枠組みを使わなければ、主流派経済学とは認められない。そう言ってもよいくらい、ワルラスの貢献は大きなものです。シュンペーターも、『経済分析の歴史』の中で、ワルラスの一般均衡理論を「理論経済学のマグナ・カルタ」と表現し、非常に高く評価しています。[20]

しかし、シュンペーターは、ワルラスの理論の研究を始めた当初から、その理論では「動態的」な経済を分析できないことに気づいていたと言います。

若き日のシュンペーターは、実際にワルラスに会って、この点を確認したようです。

彼［引用者注：ワルラス］の言いたかったことは、経済生活は本質的に受動的で、そこに加えられる自然的、社会的影響に自らを適応させるだけであり、定常過程の理論が理論経済学の全体をなすということである。私たちは経済理論家として、歴史的変化の原因に相当する要素について多くを語ることはできず、それを記録することにとどめなければならない（実際、彼と直接話した一度きりの機会に、私は彼からそのように告げられた）[21]。

ワルラスは、経済というものは本質的に均衡に向かうメカニズムをもっていると信じていました。経済が変化するとしたら、経済システムの外部要因（例えば、戦争や気候変動など）に求めるしかない。ワルラスは、そう考えていたのです。

しかし、シュンペーターは、経済学の大御所ワルラスを批判して、次のように述べています。

私は、この見方は間違いで、経済システムのなかには均衡を自ら撹乱していくエネルギーの源泉が付与されていると強く感じていた。これが正しければ、経済システムを一つの均衡から別の均衡へと推進する要因をもっぱら外的な要因に求めるのではなく、経済変化に関する純粋な意味での経済理論が存在しなければならない。私が作り上げたかったのは、このタイプの理論である。[22]

このように、シュンペーターは、経済の変化の要因を、例えば戦争や気候変動といったように、経済システムの外に求めるのではなく、経済システムの内部に探り当てようとしています。

その内部要因が、精力的な「行動の人」である「企業者」だというわけです。

◆今も「市場均衡理論」が経済学の主流

シュンペーターは、既存の経済学にとって代わる新たな経済学、すなわち、経済発展を分析できる理論を打ち立てようとしました。

では、シュンペーターの目論見《もくろみ》どおりに、経済学は革新されたのでしょうか。

今日、「静態的」な経済を想定した市場均衡理論は一掃され、経済学は皆、経済発展を分析できるような理論となっているのでしょうか。


残念ながら、そうはなりませんでした。

すでに述べたように、主流派の経済学は、今でもなお、市場均衡理論をベースとしたものになっています。

そして、この主流派経済学が、世界中の大学の経済学部で教えられ、そして各国政府や国際機関の経済政策に最も大きな影響を与えているのです。


もっとも、シュンペーターの理論を継承しようとする経済学者たちもいます。本書でも、この後、彼らの研究を参照していきます。

しかし、残念ながら、彼らのようなシュンペーターの継承者たちは、経済学界における主流派ではなく、異端派とみなされています。

それでは、主流派経済学という学問は、どういったものなのか、ざっと見ていきましょう。

主流派経済学の市場均衡理論というのは、まず、「自分の効用を最大化するために合理的に行動する個人」という人間を前提としています。いわゆる「経済人」の想定です。そして、諸個人が自分の効用を最大化するべく、与えられた条件の下で、合理的に行動した結果、市場の価格メカニズムを通じて、需要と供給が一致する均衡点に向かう。完全な自由競争が行なわれれば、市場の需給は均衡に達する。そして、この市場均衡に達した時、資源は最も効率的な配分を実現している。

簡単に言えば、このようなことが主流派経済学の教科書には書かれています。

この主流派経済学の市場均衡理論を、改めて、シュンペーターの描いた「静態的」な経済の分析と比較すると、両者の類似性は一目瞭然《いちもくりょうぜん》です。

例えば、主流派経済学は、「経済人」を想定しています。「経済人」の行動原理は、自分の効用を最大化することです。そして、「経済人」は、市場価格など、与えられた条件を受け入れ、その下で合理的に行動するものと想定されています。

そのような「経済人」のことを、シュンペーターは、「快楽主義的」な人間と表現したのです。

「快楽主義的」な人間は、自分の欲求の充足だけを動機にして行動するとされていますが、それは「経済人」の効用最大化と同種の行動原理です。

「快楽主義的」な人間も、「経済人」も、与えられた条件を受け入れ、その下で合理的に行動するのであって、与えられた条件を変えてやろうとはしないものとされています。

◆イノベーションが起こると市場均衡が崩れる

また、シュンペーターの言う「静態的」な経済とは、需要と供給が一致して安定する方向へと動く経済ですが、それはまさに主流派経済学が想定する市場均衡の状態です。

シュンペーターは、「静態的」な経済では、完全競争の結果、企業の純利潤は消滅すると論じていました。

主流派経済学の市場均衡理論もまた、完全な自由競争が行なわれると、長期的には、企業の利潤はゼロになるとしています。

企業の利潤がゼロになるというのは、どういう意味なのでしょうか。

まず、「経済学上の利潤」は、「会計上の利潤」とは異なることに注意してください。

「会計上の利潤」とは、企業の収入と支出の差額です。一般的に「利潤」と言えば、これを指します。

ところが、「経済学上の利潤」は、「会計上の利潤」から「機会費用」を差し引いたものとされているのです。

この「機会費用」について、ある標準的な主流派経済学の教科書が説明に使っている例を用いて、解説しておきましょう。

農夫が農場を開くにあたって一〇〇万ドルを投資するとする。その投資をせずに、一〇〇万ドルを銀行に預けていれば、五万ドルの利子収入が得られたとする。さらに、農場を始めるには年収三万ドルの仕事を諦めなければならないとする。

この場合、農夫の「機会費用」は、預金していれば得られたはずの利子収入の五万ドルと諦めた年収三万ドルの合計八万ドルということになります。[23]

この「経済学上の利潤」というのは、シュンペーターが「純利潤」と呼んだものと同じです。

その「経済学上の利潤」が、自由競争の結果、長期的にはゼロになるというのです。

これについて簡単に説明すると、次のようになります。

市場価格が企業の損益分岐点の価格よりも高ければ、新規企業が市場に参入して競争が激しくなるので、市場価格が下がります。反対に、市場価格が企業の損益分岐点の価格よりも低くなると、企業は市場から退出して、競争が鈍化するので、市場価格は上がります。

市場価格と損益分岐点の価格が一致するところでは、企業の参入も退出もないので、そこで価格は均衡します。その時、「経済学上の利潤」はゼロになっているはずだというわけです。

ただし、「経済学上の利潤＝会計上の利潤－機会費用」なので、「経済学上の利潤」がゼロであっても、「会計上の利潤」は「機会費用」と同額になっています。

先ほどの農夫の農場投資の例で言えば、完全競争により「経済学上の利潤」がゼロとなった時、この農夫は、会計上は、（機会費用分の）八万ドルの利潤を得ているので、この事業を続ける価値はあると判断するのです。

この市場が均衡している状態というのは、企業が「新結合」（イノベーション）を行なって、今よりももっと儲かる方法を見つけ出そうとはしない状態だということになります。もし、企業がイノベーションを行なったら、市場均衡は崩れてしまいます。

このように、主流派経済学が理想視する市場均衡とは、企業がイノベーションを起こすことを想定しない状態なのです。

◆主流派経済学ではイノベーションを理解できない

これまで論じてきたように、主流派経済学が基礎に置いている市場均衡理論は、依然として、シュンペーターの言う「静態的」な経済を念頭に置いた分析のままです。

主流派経済学は、今日もなお、経済発展やイノベーションについて分析できていないのです。

ということは、イノベーションが起きる経済にするためにはどうしたらよいのかを主流派経済学者たちに尋ねても無駄だということになるでしょう。彼らは、イノベーションについて、理論的に何も説明できないからです。

もっとも、第七章でも触れますが、この主流派経済学の弱点を認識し、イノベーションを導入した経済成長理論を構築しようと試みる主流派経済学者もいなくもありません。

しかし、そのような理論であっても、「経済人」を前提とした市場均衡理論の枠組みを基礎としている限り、イノベーションの本質をとらえた分析にはなり得ません。

というのも、もしシュンペーターが正しければ、イノベーションの担い手は「企業者」であり、「企業者」は「精力的」な人間でなければなりません。

イノベーションを起こす「精力的」な人間というのは、創造的なことをやらずにいられない人間で、自分の効用の最大化のために行動したりはしないし、与えられた条件を受け入れて合理的に行動したりもしないのです。

要するに、「企業者」とは、主流派経済学が前提とする「経済人」とは正反対のタイプの人間なのです。

しかし、もし「企業者」のような人間がいると、主流派経済学が想定するような市場均衡は達成されません。むしろ、「企業者」は、市場の均衡をぶち壊してしまう存在です。

ですが、市場均衡から逸脱した動きこそが、経済発展というものです。

したがって、もし、主流派経済学がイノベーションを理論に導入しようとしたら、まずは「経済人」の前提や市場均衡理論を放棄しなければならないはずです。

しかし、主流派経済学がそうしようとする兆候は、今のところ、ほとんど見られないようです。

◆なぜ日本経済は停滞が続くのか

さて、日本経済は、一九九〇年代から始まった経済停滞から抜け出せなくなっています。二〇〇〇年代初頭には「失われた十年」などと言われていましたが、二〇二〇年代になると「失われた三十年」などと言われるようになりました。

要するに、三十年もの間、経済発展しなくなってしまったのです。

特に、日本企業が画期的なイノベーションを起こせなくなっていることが、たびたび、問題視されてきました。

しかし、日本経済が発展しなくなり、イノベーションも起きなくなってしまったのは、ある意味、当然なのです。

一九九〇年代に始まる「失われた三十年」の間、日本はどのような経済政策が行なわれてきたのかを、振り返ってみてください。

この三十年の間、日本は、特に一九九〇年代半ばの橋本龍太郎政権、二〇〇〇年代の小泉純一郎政権において、「構造改革」と呼ばれる政策を実施してきました。二〇一〇年代の安倍晋三政権も、「成長戦略」という名の下に、この「構造改革」路線を引き継いだと言ってよいでしょう。

この「構造改革」の基本理念にあったのは、「市場の自由競争に任せれば、経済は成長する」というイデオロギーでした。このイデオロギーは、「新自由主義」とも「市場原理主義」とも呼ばれます。

過去三十年間の日本は、この新自由主義のイデオロギーにのっとり、市場原理を機能させるべく、規制緩和、自由化、民営化、グローバル化を進めてきました。具体的には、派遣労働事業の自由化、金融市場の規制緩和、郵政民営化、電力市場の自由化、自由貿易協定の締結、外国人労働者の規制緩和（特定技能制度の導入）などが挙げられます。

こうした新自由主義に基づく構造改革に理論的な根拠を与えていたのは、主流派経済学の市場均衡理論でした。

主流派経済学者や、主流派経済学を学んできた経済評論家や経済アナリストたちは、主流派経済学の理論や分析を用いて、構造改革の必要性を唱えてきました。政治家や官僚といった政策担当者たちも、主流派経済学の理論を参考にして、構造改革を立案し、実行してきたのです。

しかし、シュンペーターの『経済発展の理論』が正しければ、主流派経済学の理論が想定しているのは、経済発展もイノベーションも存在しない「静態的」な世界です。

主流派経済学者たちは、経済がどのようにして発展するのかも、イノベーションがどうやって起きるのかも、まったく知らないのです。

そんな主流派経済学者たちの見解に従って、経済構造を改革したら、イノベーションが起きない停滞した経済になるのは、当然ではないでしょうか。

◆主流派経済学を捨てられるか

さて、先ほど、シュンペーターの「企業者」の議論について、読者は「精力的で独創的な『企業者』がイノベーションを起こすなどというのは、今では、誰でも知っている話だ」という印象を抱いたかもしれない、と言いました。

百年前は新しかった考えも、今では常識になっているならば、百年前の古典など、読んでも仕方がないということになってしまうかもしれません。

しかし、百年前のシュンペーターの真意は、当時の経済学の市場均衡理論とは異なる、経済発展の理論を打ち立てることにありました。市場均衡理論では、「企業者」によるイノベーションも経済発展も説明できないからです。

ところが、それから百年後の現在、主流派経済学は、依然として、市場均衡理論をベースとしています。

そうだとすると、どうしたら豊かになるのかや、どうやってイノベーションを起こすのかを、主流派経済学者に尋ねたところで、まったく無駄だということになるでしょう。

現代の我々は、確かに、シュンペーターが百年前に展開した「企業者」の議論を、当たり前の話だと感じるかもしれません。

しかし、そう感じる一方で、主流派経済学者の説を鵜呑《うの》みにしていたりはしないでしょうか。

第二章

資本主義とは何か

◆シュンペーターの貨幣論

シュンペーターの『経済発展の理論』は、イノベーションを「新結合」として理論化したり、イノベーションの担い手としての「企業者」の概念を提示したりしたことで、よく知られています。

その一方で、シュンペーターが『経済発展の理論』の中で、貨幣について極めて重要な議論を行なっていることについては、シュンペーターの専門家以外には、ほとんど知られていません。

しかしながら、シュンペーターの経済発展やイノベーションの理論は、彼の貨幣についての議論を踏まえておかなければ、本当に理解したことにはならないのです。

そこで、本章では、『経済発展の理論』における貨幣論について、簡潔に解説し、その現代的な意義について議論したいと思います。

まず、前章のおさらいから始めます。

シュンペーターは、経済の類型を「静態的」と「動態的」に分けました。

「静態的」な経済は、消費と生産、需要と供給が一致し、均衡・安定している状態を維持している経済です。「静態的」な経済において、貨幣は、支払手段や交換価値の尺度として使われています。このため、貨幣は、商品の流れとは反対方向に流れています。

「静態的」な経済では、完全な競争の結果、企業の収入と支出（機会費用を含む）の差額である「純利潤」（経済学上の利潤）はゼロになっています。また、需要と供給が均衡しているので、そもそも、消費のために使う量以上に貨幣を貯蓄しておく必要性に乏しいという特徴もあります。

さて、ある企業者Aが、手織機しかなかった「静態的」な経済において、力織機の導入という「新結合」を行なおうとしたとします。

この場合、企業者Aは、力織機を開発するにせよ購入するにせよ、資金を必要とします。しかし、その資金をどこから調達してくるのでしょうか。

企業者Aは、自らの貯蓄から資金を捻出《ねんしゅつ》するか、あるいは他の貯蓄を有する企業者から資金を調達してくるのだろう。そう思われるかもしれません。

しかし、「静態的」な経済では、企業には「純利潤」というものがありません。言い換えれば、市場が均衡している状態の経済に存在するのは、利益がわずかしかない中小零細企業ばかりだということです。ということは、新結合を行なうのに必要な資金を捻出できるほどの貯蓄というものは、どこにも存在しないはずです。

そうだとすると、企業は、何もないところから、新たに貨幣を生み出して、それを元手にして新結合を行なうしかありません。

しかし、誰が、何もないところから貨幣を創造するのでしょうか。

それは**「銀行」**であるというのが、シュンペーターの答えです。銀行とは、貨幣を創造する特殊な機関なのです。

（略）このような支払手段の創造は銀行を中心としておこなわれ、銀行の本来の機能になっていることである。（中略）銀行が自らに対して請求権を作り出すことでおこなう貨幣創造については、旧師アダム・スミスや、より以前の一般的誤りから完全に免れていた理論家たちの著作で読むことができ、今日では、こうした見解は広く知られている。[24]

シュンペーターは、「銀行家が貨幣を作ると言っても大きな罪にはならないだろう」[25]とも言っています。

「銀行が自らに対して請求権を作り出すことでおこなう貨幣創造」とは何のことなのか。「銀行家が貨幣を作る」とはどういう意味なのでしょうか。説明しましょう。

◆銀行は、無から貨幣を創造する

多くの人が、銀行による「貸付け」というものは、個人や企業が貯蓄のために預けたお金を又貸しすることだと思い込んでいます。

主流派経済学もまた、銀行は個人や企業から預金を集め、その銀行預金を元手にして、貸出し業務を行なっていると想定しています。

例えば、ある主流派経済学の標準的な教科書は、「銀行は、貯蓄をしたい人々から預金を受け入れ、その預金を使って借りたい人々に貸出を提供することを主な業務にしている」[26]と説明しています。そして、**「貯蓄は貸付資金供給の源泉である」**[27]と強調しています。

このような考え方を**「貸付資金説」**と言います。

ノーベル経済学賞受賞者であるポール・クルーグマンは、「すべての個々の銀行は、預金として受け取った貨幣を貸出さなければならない。銀行の職員は、無から小切手を発行することなどできない」[28]と明言しています。彼もまた、貸付資金説を信じているのです。

しかし、この**貸付資金説は、誤り**なのです。

実際には、民間銀行は、貸出しによって、預金という貨幣を創造しています。

民間銀行の貸出しは、預金など元手となる資金を必要としません。**民間銀行は、手元に資金がなくても、預金という貨幣を生み出すことができるのです。まさに、文字どおり、「無から」貨幣を創造するというわけです。**

これは、**「信用創造」**あるいは**「貨幣創造」**と呼ばれています。

預金が貸出しを可能にするのではなく、その反対に、貸出しが貨幣（預金通貨）を創造するのです。そして、債務が返済されると、貨幣は破壊されます。

貸出しが「貨幣創造」であるならば、**返済は「貨幣破壊」**ということになります。

例えば、甲銀行が、借り手のA社の預金口座に一〇〇〇万円を振り込む場合、甲銀行は保有する一〇〇〇万円の現金をA社に渡すのではなく、A社の預金口座に一〇〇〇万円と記帳するだけです。

そして、A社が一〇〇〇万円の負債を甲銀行に返済すると、預金という貨幣は消滅します。

もっとも、銀行は手元に元手となる資金がなくても貸出しを行なうことができるからといって、無限に貸出しを行なうことができるというわけではありません。

銀行の貸出し、つまり銀行の貨幣創造には、当然、限界があります。

その限界とは、借り手である企業などの返済能力です。

債務を履行する能力のない企業などにまで貸出しを行なうことはできません。

ですから、借り手の収入見込みあるいは返済能力が、銀行の貸出しの上限になります。

だから、銀行は、融資に当たっては、いわゆる与信審査を厳格に行なっているわけです。

逆に言えば、**借り手の企業に返済能力がある限り、銀行は、いくらでも貸出しを行な**

い、**貨幣を創造できる**のです。

◆信用創造とは

この信用創造の仕組みについて、朴勝俊《ぱくすんじゅん》・シェイブテイル『バランスシートでゼロから分かる 財政破綻論の誤り』（青灯社）は、バランスシートを用いて明快に説明していますので、参照してみましょう。

バランスシートは、ある経済主体の「負債」は他の経済主体の「資産」であり、ある経済主体の「資産」は他の経済主体の「負債」であるという関係を表すものです。

先ほどの甲銀行とA社の取引について言えば、バランスシートでは、A社の一〇〇〇万円の銀行預金という資産は甲銀行の負債と表現され、A社の一〇〇〇万円の借入という負債は、甲銀行の資産と表現されます。

そして、甲銀行によるA社への貸出しによって、甲銀行の「負債」である一〇〇〇万円の預金という貨幣が創造されます（図1）。

反対に、A社が甲銀行に一〇〇〇万円の借入を返済すると、甲銀行の一〇〇〇万円の預金という貨幣は消滅します（図2）。

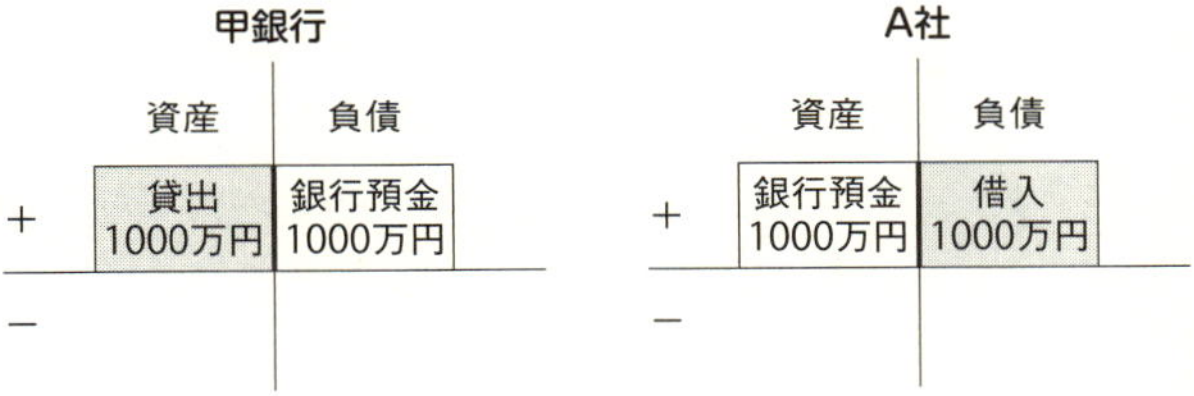

図1　甲銀行がA社に1000万円を貸出（貨幣（預金）の創造）

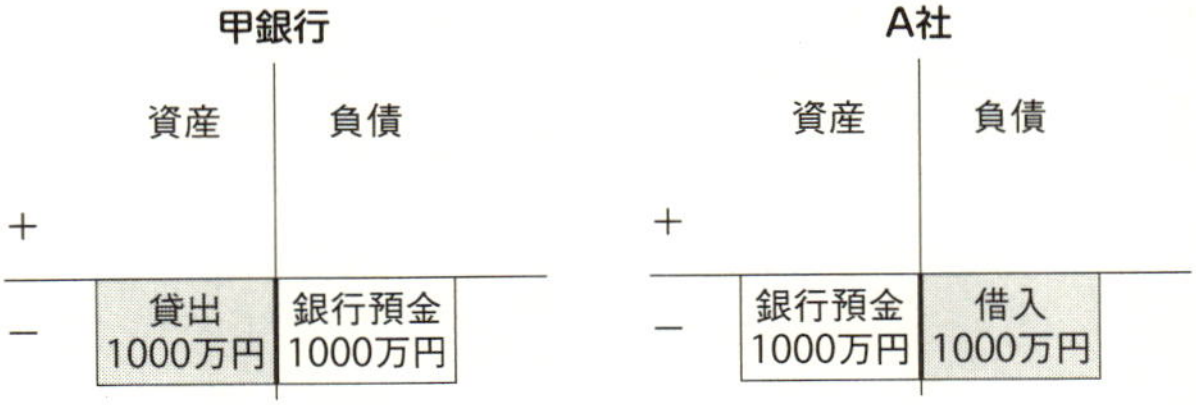

図2　A社が甲銀行に1000万円を返済（貨幣（預金）の破壊）

これが、シュンペーターが述べた銀行による「貨幣創造」、あるいは「信用創造」の仕組みです。

シュンペーターは、こう述べています。

> 事業家は銀行に対する債権者になる前に、通例まずその債務者になる。つまり事業家はまず「借り入れ」、それをそのまま預金する。こうした事実を誰が否認しようとするだろうか。さらに、すべての売上高のうち最狭義の意味の貨幣で決済されているのはごくわずか

な部分にとどまるという年少の生徒でさえ知っている事実については説明する必要もないだろう。[29]

ちなみに、ここでシュンペーターが言っている「最狭義の意味の貨幣」というのは、現金のことです。現在でも、決済のうち、現金で行なわれているのはわずかであり、大半は、銀行預金によって行なわれています。

◆シュンペーターとケインズの貨幣論

後にシュンペーターは、『経済分析の歴史』において、十九世紀末から二十世紀初頭における貨幣論の変遷を振り返る中でも、こう書いています。

銀行が「信用を創造する」、すなわち、銀行が貸出しという行為の中で預金を創造すると言う方が、銀行が預託された預金を貸出すと言うよりも、ずっと現実的である。[30]

また、シュンペーターは、ジョン・メイナード・ケインズが一九三〇年の『貨幣論』において、信用創造に関する理解を広めようとしていることについて言及しています。ケインズもまた、貨幣や銀行の機能について、シュンペーターと同じ理解をしていたのです。なお、シュンペーターは、一九三一年九月に日本で行なわれた講演の中で、次のように語っています。

かつて彼〔引用者注：ケインズ〕は私に、世界中に貨幣理論を理解しているのは五人を超えないだろうと言いました。彼がそう言った時、その五人の中に私を含めていたと私は思いました。[31]

このように、シュンペーターとケインズという、経済学における二大巨星が、百年前には、信用創造について正確な理解を示してくれていました。

それにもかかわらず、今日では、世間一般どころか、ノーベル経済学賞受賞者クラスの経済学者ですら、銀行の貸出しが預金の元になっているのではなく、預金が貸出しの元になっているものと誤解しています。

ガリレオが地動説を明らかにしたのに、今日の天文学者が、いまだに天動説を信じているようなものです。

この銀行の貸出しに関する世間や主流派経済学者の根深い誤解を解くため、イギリスの由緒ある中央銀行であるイングランド銀行は、その季刊誌（二〇一四年春号）の中で、貨幣に関する入門的な解説を掲載しました。

そこには、「商業銀行は、新規の融資を行うことで、銀行預金の形式の貨幣を創造する」とはっきり書かれています。[32]

我が国の全国銀行協会企画部金融調査室が編集している『図説　わが国の銀行』（十訂版）にも、次のように書かれています。

> 銀行が貸出を行う際は、貸出先企業Xに現金を交付するのではなく、Xの預金口座に貸出金相当額を入金記帳する。つまり、銀行の貸出の段階で預金は創造される仕組みである。[33]

◆信用創造がイノベーションを生み出す

銀行は、貸出しを通じて、預金という貨幣を無から創造する。この信用創造（貨幣創造）を理解することは、決定的に重要です。

なぜなら、信用創造が大規模な新結合、つまり大規模な新規事業を可能にするからです。そして、それによって、発展しない「静態的」な経済は、発展する「動態的」な経済へと転換するのです。

シュンペーターは、こう述べています。

　私たちの考える意味での、信用のただ一つの本質的な機能は、すでに知っているように次の点にある。つまり、信用の供与により、企業者はその必要な生産手段に対する需要を増大させて、それを従来の用途から引き抜き、経済を新しい軌道に乗せることができる。こうして信用は、財を引き抜く手段となる。さて私たちの第二の命題は、以下の通りである。すなわち、信用が過去の事業の成果や過去の発展によって得られた購買力の貯えから与えられることがなければ、信用はそのつど創造される信用支払手段だけからなるしかない。[34]

もちろん、企業は、自らの貯蓄や、他人の貯蓄から資金を調達して、新たな事業を行なうこともできるでしょう。しかし、資金調達を貯蓄だけに頼っていたら、大規模な新規事業を行なうことは難しいでしょう。

しかも、貯蓄というのは、シュンペーターも書いているように、過去の事業や過去の発展の成果です。したがって、過去に成功した事業がない場合は貯蓄がなく、新しい事業を行なうことができないということになってしまいます。

しかし、事業に将来の可能性さえあれば、何もないところから、貨幣をいくらでも創造して、それを事業資金として投入することができる、そんな仕組みがあれば大規模な新規事業であっても実現することが可能となるでしょう。

そして、まさに**銀行とは、事業に将来の可能性さえあれば、何もないところから、貨幣をいくらでも創造できる機関**なのです。

したがって、もし、信用創造を行なう銀行という機関が存在しなければ、新結合（イノベーション）や経済発展は、ほぼ不可能であったでしょう。

それゆえ、シュンペーターは、「企業者が王であるとすれば、銀行家は市場の最高監督官である」[35]と言っています。

◆資本主義の三要件

こうして、シュンペーターは、彼の経済発展の理論の核心に、「新結合」や「企業者」といった有名な概念に加えて、**銀行による信用創造**を導入しました。

銀行による信用創造を理解しなければ、シュンペーターの経済発展の理論を理解することはできないのです。

後に、シュンペーターは、資本主義とは、次の三つの特徴を有する産業社会のことであると定義しました。

①物理的生産手段の私有
②私的利益と私的損失責任
③民間銀行による決済手段（銀行手形あるいは預金）の創造

この三つのうち、**③の「民間銀行による決済手段（銀行手形あるいは預金）の創造」（信用創造）こそが、資本主義の定義の中でも特に重要であると**シュンペーターは言っています。[36]

「資本主義」というと、①の「物理的生産手段の私有」（私有財産制度）と②の「私的利益と私的損失責任」（契約の自由）がイメージされるでしょう。

ところが、シュンペーターは、私有財産制度と契約の自由だけでは、「商業社会」ではあるかもしれないが、「資本主義」だとは言えないと主張しています。

商業社会であることに加えて、**無から貨幣を創造する民間銀行という機関が存在することが、「資本主義」に必須の要件**だというのです。

考えてみれば、「資本主義」とは、読んで字のとおり、「資本」の主義です。

では、「資本」とは何でしょうか。

シュンペーターは「資本（Kapital）とは、企業者にその必要とする具体的な財を支配可能にする梃子（Hebel）以外のなにものでもない。またそれは、新しい目的のために財を使えるようにする手段、生産に新しい方向を指示する手段にほかならない」[37]と述べています。

そして、その事業の「梃子《てこ》」となるものとは、財ではなく、財の購入を可能にする貨幣の力、つまり「購買力」です。したがって、資本とは、「購買力の資金（フォンド）である[38]」ということになります。

では、その「購買力」がどこから生まれるのかと言えば、それこそが銀行の信用創造にほかなりません。

というわけで、「民間銀行による決済手段（銀行手形あるいは預金）の創造」が、資本主義に不可欠な要素だとシュンペーターは考えたのです。

ところが、先ほど述べたように、主流派経済学者たちは、信用創造を正確に理解していません。ということは、彼らは、資本主義が何なのかを知らないということになります。

このことは、主流派経済学が「静態的」な理論であることとも関係しています。

前章において論じたように、主流派経済学がその理論の中核に据えている市場均衡理論は、発展のない「静態的」な経済を想定しています。

他方、シュンペーターが言うように、銀行の信用創造機能がなければ、新結合も経済発展もほぼ不可能であり、したがって、経済は「静態的」なものにならざるを得ません。

言い換えれば、イノベーションも経済発展もない「静態的」な経済のままでよいのであれば、銀行の信用創造機能は必要ありません。

「静態的」な市場均衡を想定した主流派経済学には、信用創造の概念が存在しないのも当然だというわけです。

◆シュンペーターが考えるインフレとデフレ

ところで、シュンペーターが信用創造について論じたのは、『経済発展の理論』（初版）の第三章ですが、この第三章は、同書の第二版ではだいぶ修正され、インフレーション（以下、インフレ）についての議論が加筆されました。


インフレとは、物価が継続的に上がっていく現象のことです。逆に、物価が継続的に下がっていく現象は、デフレーション（以下、デフレ）と呼ばれています。

日本は一九九〇年代末から二十年以上にわたってデフレに苦しみ、脱却できなくなりました。そして、二〇二〇年代に入るとほどなくして、今度は逆にインフレに苦しむようになっています。

ですから、インフレとデフレについて理解しておくことは、私たちにとって非常に重要だと言えます。

では、シュンペーターのインフレについての見解を見てみましょう。

シュンペーターは、インフレという現象を、彼の経済発展の理論の中に組み込んで論じています。

それは、簡単に言えば、次のとおりです。

まず、「静態的」な経済における貨幣の流れがあります。

ここで、企業が新たに事業を始めようとし、そのために必要な工場の建設やら、設備の導入やら、労働者の雇用やらを行なうために、銀行から融資を受けるとします。

すると、どうなるか。

既存の「静態的」な経済では、需要と供給は均衡しているので、資材や労働者は、あますところなく、使われています。

そこに、ある企業が、より生産性の高い新しい工場を建設するために、新たに創造された貨幣を用いて、資材を購入したり、労働者を雇ったりしたら、資材や労働者が足りなくなります。そうなれば、資材の価格は高騰し、労働者の賃金も上がって、インフレになるというわけです。

このように、信用創造が引き起こすインフレを、シュンペーターは**「信用インフレーション」**と呼んでいます。

◆信用インフレは止まらなくなる？

ところで、信用創造とは、銀行が、何もないところから貨幣を創造することでした。しかし、ここで「そんなことができるならば、銀行はいくらでも貨幣を創造し、供給することができるので、インフレ（信用インフレ）が止まらなくなってしまうのではないか」という疑問が生じるかもしれません。

しかし、シュンペーターは、信用インフレは一時的な現象であって、止まらなくなるということにはならないと述べています。

それは、次のような理由によります。

例えば、企業が銀行からの貸出しを受けて工場を建設しようとすると、信用創造によって貨幣の供給量は増えますが、工場はまだ稼働していないので、製品の供給は増えません。そこで信用インフレが起きます。

しかし、工場が完成して稼働し始めれば、製品が供給されるようになります。同時に、企業は銀行に対して負債を返済し始めるので、貨幣は消えていきます。つまり、製品の供給量は増えるのに、貨幣の供給量は減るという、信用インフレとは逆の現象、つまり「信用デフレ」が発生します。

貨幣とは負債であり、負債はいずれ返済されなければならないので、貨幣もまたいずれ消えます。したがって、「このデフレーションは客観的状況の論理から、自動的につねに現われなければならないのである」[39]とシュンペーターは述べています。

こうして、信用インフレは、後から自動的に発生する信用デフレによって相殺《そうさい》されるので、一時的な現象にとどまるというわけです。

ここで大事なことは、この過程で、供給量が以前よりも大きくなっているということです。つまり、経済の規模が拡大している。これが、経済成長です。

ただし、もし供給量が増えすぎて、供給過剰（需要不足）になると、今度はデフレが発生してしまうでしょう。

シュンペーターは、インフレ・デフレについての議論を次のように要約しています。

> 彼の企業活動が完全に遂行された後に、（中略）もしすべてが期待どおりにいくならば、彼は受け取った信用額や直接間接に奪取した財貨の価額よりもより大きな価額の商品によって財貨の流れを豊富にするのである。これによって貨幣の流れと財貨の流れとの間の並行関係は単なる恢復以上に恢復され、信用インフレーションは単なる克服以上に克服され、物価への影響は単なる相殺以上に相殺されるために、したがってこの場合には信用インフレーションは一般に存在せず――むしろデフレーションがある――、ただ購買力の出現とこれに対応する商品の出現とが同時的でないために、一時的にインフレーションの外観が生れるにすぎないということができる。[40]

◆信用インフレ以外のインフレ

以上のシュンペーターの議論は、インフレ（あるいはデフレ）という現象の本質を突いています。

まず、インフレは、生産活動を行なうために必要な原材料や資材あるいは商品などの財や労働者といった実物資源の需要が、供給を上回ることによって起きるのだということです。

そして、**銀行による信用創造がインフレを引き起こすのは、銀行の貸出しによって企業が新事業を開始することを通じて、実物資源の需要が高まるからだ**と理解できます。

ただし、シュンペーターがこのインフレを「信用インフレ」と呼んでいることからも分かるように、銀行による信用創造が原因ではない別種のインフレもあり得ます。

インフレは、「需要＞供給」の状態ですが、「需要＞供給」を引き起こす原因は、他にもいろいろあるからです。

例えば、戦争が勃発して、武器や兵士の需要が急増したり、敵国の攻撃によって生産工場が破壊されたり、海上封鎖によって輸入品の供給が途絶したりすれば、需要が供給を上回って、インフレが起きます。

あるいは、少子高齢化が進んで、生産年齢人口が減少し、人手不足になれば、インフレが起きます。

いずれの例も、銀行による信用創造に起因する「信用インフレ」ではありません。

例えば、第二次世界大戦中や終戦直後のインフレ、一九七〇年代の石油ショックによるインフレが、信用インフレ以外のインフレに該当します。

二〇二〇年代初頭以降のインフレも、新型コロナウイルス感染症パンデミックによる労働力不足や物流の混乱、ウクライナ戦争による食糧価格やエネルギー価格の高騰、あるいは少子化による労働力不足が原因と言われていますので、これも同じです。

◆量的緩和はなぜインフレにつながらなかったのか

シュンペーターの「信用インフレ」の議論は百年前のものですが、これを理解することは、日本が長い経済停滞からの脱却を果たす上で、決定的に重要だと思います。

というのも、日本の政策担当者たちが、「信用インフレ」、あるいはより基本的に「信用創造」を理解していないから、経済政策を間違えてしまい、経済の停滞を招いていると言えるからです。

具体的に、一つ、例を挙げてみましょう。

二〇一二年に成立した第二次安倍晋三政権は、デフレからの脱却を目指して、黒田東《はる》彦《ひこ》・日本銀行総裁の下で、大規模な量的緩和政策を実施しました。いわゆる「異次元緩和」です。

量的緩和というのは、民間銀行が日本銀行に保有している準備金（日銀当座預金）を増やすという政策です。

黒田総裁率いる日本銀行は、民間銀行が保有している国債を大量に購入して、日銀当座預金を大きく増やしました。

民間銀行が日銀当座預金を増やせば、より多くの貨幣が供給され、デフレから脱却できると考えたのでしょう。そして、デフレからの脱却が果たされれば、経済は成長するものと期待されていました。

これに対して、この量的緩和政策を批判した経済学者たちは、「そんなにお金をバラまいたら、インフレがひどくなって大変なことになる」と心配していました。

しかし、黒田日銀総裁は、その任期中に、ひどいインフレを引き起こすどころか、デフレからの脱却を果たすことすらできませんでした。もちろん、経済成長もほとんどなかったことは、ご存じのとおりです。

どうして、量的緩和政策は、デフレ脱却や経済成長を実現できなかったのでしょうか。

その理由は、これまでの議論を踏まえれば、明らかです。

シュンペーターが論じたように、銀行は、企業に対する貸出しによって、その企業の預金という貨幣を創造します。クルーグマンが信じているように、預金を元手にして貸出しているわけではありません。貸付資金説は間違いなのです。

そして、貸出しを受けた企業が、資材の購入や給与の支払いなど、実際に預金という貨幣を使うことによって、経済の中に貨幣が供給され、それによって実物資源が動いて「需要＞供給」になって初めて、デフレからインフレへと転じるのです。

したがって、**銀行の日銀当座預金をいくら増やしたところで、新たに事業を行ないたい**

という企業の需要がなければ、貨幣は供給されず、実物資源が動くこともありません。もちろん、経済が成長するはずもない。

だから、量的緩和政策は、デフレ脱却にも経済成長にも失敗したのです。

シュンペーターのように、貨幣創造について正確に理解していれば、このような失敗をすることはなかったでしょう。

このことも、シュンペーターの理論が現代でも通用することを示すよい例であると言えるでしょう。

第三章

なぜ日本経済は成長しなくなったのか

◆貨幣循環理論とは

前章で論じたように、主流派経済学は、信用創造を正しく理解せずに、理論を構築しています。

しかし、シュンペーターによれば、信用創造なしには、資本主義という経済システムは成り立ちません。

ということは、主流派経済学者が資本主義というものを何も分かっていないということを意味しています。

恐ろしい話ですが、それが現実なのです。

しかし、経済の理論は、主流派経済学だけではありません。

主流派ではなく異端派の経済学者たちの中には、信用創造という貨幣が創造される仕組みを正確に理解した上で、それをベースとして経済理論を構築しようとする人たちがいます。

信用創造をベースとした経済理論とは、言い換えれば、資本主義の理論だということになります。

そうした経済理論の一つに、**「貨幣循環理論」**と呼ばれる理論があります。

貨幣循環理論は、第二次世界大戦後に、主にイタリアやフランスにおける異端派の経済学者たちが発展させた理論です。

貨幣循環理論の代表的な理論家あるいはその支持者には、アウグスト・グラツィアーニ、アラン・パルゲ、ジュゼッペ・フォンタナ、マーク・ラヴォア、ルイ＝フィリップ・ロション、マリオ・セッカレツィアといった経済学者が含まれます。

ちなみに、グラツィアーニは、貨幣循環理論の源流の一つとして、シュンペーターの『経済発展の理論』を挙げています。[41]

では、この貨幣循環理論について、その概要を簡単に説明しましょう。

前章で述べたように、民間銀行は、貸出しを行なうことによって、無から貨幣（預金）を生み出すことができます。民間銀行の貸出し（＝貨幣の創造）に必要なのは、資金ではなく、（返済能力のある）借り手の資金需要だけです。

貨幣循環は、事業を行ないたいので資金が欲しいという企業の資金需要から始まります。

その企業の資金需要に対して、民間銀行が貸出しを行なうことで、貨幣（預金）が創造されます。民間銀行は、信用創造によって、無から貨幣を創造するのです。

次に、企業が事業を行なうために、借り入れた貨幣を使います。例えば、原材料や工作機械を購入したり、あるいは従業員に給料を支払ったりします。

こうして、企業が支出を行なうことで、貨幣は取引先の企業や従業員へと流れていきます。そして、貨幣を得た取引先の企業や従業員もまた支出を行ないます。

このようにして、貨幣は経済の中を巡ります。

さて、民間銀行から借入を行なった企業は、その借入を元にして行なった事業によって、収益を挙げます。こうして、企業の下に貨幣が戻ってきます。

企業は、事業収益として得た貨幣を用いて、民間銀行に債務の返済を行ないます。この返済によって、貨幣は破壊され、消滅します。

これが、貨幣循環です。

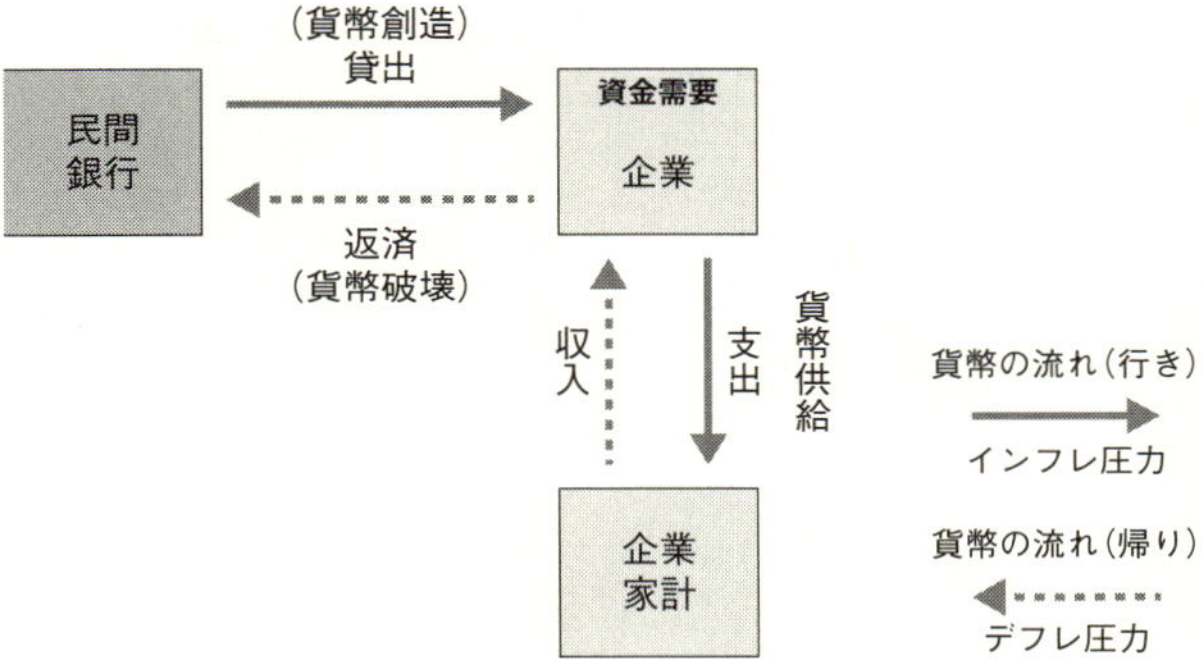

図3　貨幣循環（民間部門）

この一連の流れを図示すると、図3のようになります。

◆貨幣循環がもつ意味

さて、この貨幣循環のプロセスから、いくつか重要なことが明らかになります。

①支出が先、収入が後

一般に、企業は、その収入を財源として支出を行なっているものと信じられています。

しかし、図3の実線の矢印と、点線の矢印を見てください。企業は、先に貨幣の支出を行ない、その後で、収入を得ています。

企業は、支出にあたって、必ずしも収入を必要としていないのです。企業に収入がなくとも、資金需要と返済能力さえあれば、民間銀行が貸出しを通じて貨幣を創造し、供給してくれるからです。

②企業の収入と債務の返済が、貨幣を破壊する

図3の実線の矢印が描くように、民間銀行から企業への貸出しによって貨幣は無から創造され、企業の支出によって貨幣は、経済の中に供給されていきます。

他方、図3の点線の矢印のように、貨幣は帰ってきます。

すなわち、企業が収入を得ると、貨幣は経済の中から回収されて戻ってくるのです。

そして、企業が収入によって得た貨幣をもって民間銀行に債務の返済を行なうと、貨幣は破壊され、消滅します。

これを前章で見たシュンペーターの理解にしたがって言えば、実線の矢印はインフレ圧力を示し、点線の矢印はデフレ圧力を示すものと考えてもよいでしょう。

③すべての企業が債務を完済してしまうと、貨幣がこの世から消えてしまう

企業は、民間銀行に対する債務をいずれ返済しなければなりません。

しかし、債務の返済とは、貨幣の破壊です。

したがって、もし、すべての企業が債務を完済してしまうと、経済の中から貨幣が消滅してしまうということになるでしょう。

ということは、民間経済全体で見ると、人々が取引や貯蓄などの目的で貨幣を使用するためには、債務を負った企業が常に相当数存在していなければならないということになります。

一企業の経営者としては、確かに、無借金経営の方が望ましいのかもしれません。

しかし、すべての企業が無借金経営をすることは、望ましいことではありません。そんなことをしたら、この世から貨幣が消えてしまうからです。

したがって、経済全体で見れば、債務を負った企業が相当数存在していた方がむしろよいのです。

同じことを、図3を使って言えば、「実線の矢印」の方が「点線の矢印」よりも大きくなければ、貨幣が流通しません。

そして、実線の矢印はインフレ圧力を示し、点線の矢印はデフレ圧力を示します。ということは、インフレ圧力がデフレ圧力を上回るような、ややインフレ気味の経済が、貨幣が流通する正常な資本主義だということになります。

正常な資本主義は、マイルドなインフレの状態にあるのです。

◆資本主義が機能不全になる時

貨幣循環の出発点は、「事業を行ないたいので資金が欲しい」という企業の資金需要です。

（返済能力のある）企業の資金需要さえあれば、民間銀行は、いつでも貨幣を創造し、供給することができます。

しかし、裏を返せば、企業に資金需要がない場合、民間銀行は貸出しを行なうことができず、貨幣を創造することができません。

例えば、将来に対する不確実性が高く、先行き不透明なので、企業が貨幣を使うよりはむしろ貯蓄しておきたいと思うような場合が考えられます。

より重要なのは、デフレの場合です。

改めて確認すると、デフレとは、需要不足（供給過剰）の状態が続くことにより、物価が継続的に下落する状態を指します。

物価が下落し続けるということは、逆に言えば、貨幣の価値が上昇し続けるということです。

貨幣の価値が上昇し続けているような時、企業は、当然、貨幣を使うのではなく、持っておこうとするでしょう。貨幣を持ってさえいれば、その価値が上がっていくからです。つまり、企業は、投資を控えて、貯蓄に励むということです。

それだけではありません。

貨幣の価値が上がり続けているような時に、企業が銀行からの融資を受けて債務を負うと、その債務は実質的に膨らんでいくことになります。このため、企業は、銀行から融資を受けようとはせず、むしろ、債務を急いで返済しようとします。

こうして、需要不足でデフレになると、投資が減るので、需要はさらに減り、デフレはもっと悪化します。その結果、デフレは延々と続くことになり、経済は縮小していってしまいます。

このように、不確実性の高まりやデフレによって、企業の資金需要がなくなると、銀行は貸出しを行なうことができず、貨幣を創造して供給することができなくなります。さらに、企業は債務の返済に走りますが、債務の返済とは、貨幣を破壊することと同じです。

こうして、貨幣は、経済の中を循環しなくなるだけではなく、供給されず、むしろ破壊されるので、貨幣の流通量はどんどん減っていってしまいます。

前章で述べたように、シュンペーターは、民間銀行による信用創造を、資本主義の特徴の一つであり、しかも最も重要な特徴であると考えていました。

しかし、**不確実性の高まりやデフレは、企業の資金需要をなくしてしまうことで、民間銀行による信用創造を機能不全にしてしまいます。**

それは、**資本主義が機能不全になる**ということです。

◆日本のデフレ

正常な資本主義は、マイルドなインフレの状態にあるはずです。

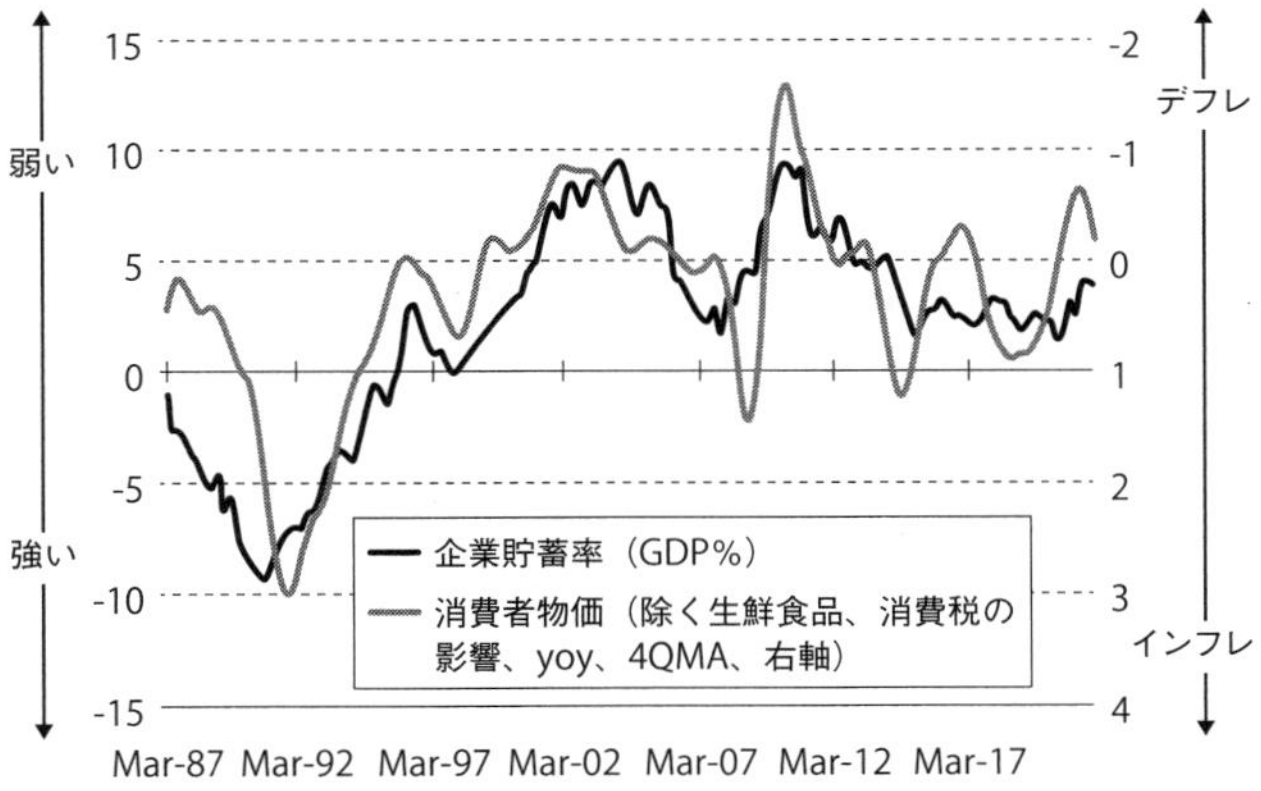

$$\text{企業貯蓄率（\%）} = \frac{\triangle\text{金融資産} - \triangle\text{金融負債（株式含む）}}{\text{名目 GDP}}$$

$$= \frac{\text{資金過不足}}{\text{名目 GDP}} < 0$$

図4　企業貯蓄率と消費者物価指数
（出所）日銀、総務省、内閣府、Refinitiv、岡三証券　作成：岡三証券
21世紀政策研究所「中間層復活に向けた経済財政運営の大転換」（2022年6月）、p22、図表2-1

ところが、日本は、一九九八年あたりから二十年以上にわたってデフレに陥っていました。

企業は、銀行からの借入れや投資によって事業を行なっています。したがって、本来であれば、その貯蓄率はマイナスになっているはずです。

その企業貯蓄率が逆にプラスになるというのは、企業が銀行からの借入れも投資も行なわなくなるということを意味しますから、これは、資本主義が機能停止に陥るという異常な状態なのです。

しかし、デフレになると、企業は、借入れも投資も行なわなくなるので、企業貯蓄率はプラスになってしまいます。

エコノミストの会田卓司《あいだたくじ》氏は、一九八七年三月から二〇一七年三月までの企業貯蓄率と消費者物価指数の推移を図示しています（図4）。

これを見れば一目瞭然ですが、一九八七年から一九九〇年代半ば頃までのインフレ期には、企業貯蓄率はマイナスになっています。

ところが、**一九九八年にデフレになって以降、企業貯蓄率はほぼ一貫してプラスなのです。**

要するに、日本経済は、およそ二十年にもわたって、資本主義の機能が停止したような異常な状態だったということです。

シュンペーターは、『経済発展の理論』において、「新結合」、すなわちイノベーションが起きる経済では、銀行が無から貨幣を創造する必要があると論じていました。

しかし、日本では、およそ四半世紀にもわたって企業貯蓄率がプラスであり、銀行による貨幣創造が行なわれにくい状態にありました。

日本でイノベーションが起きにくくなったのも、シュンペーターに言わせれば、当然だということになります。

◆政府部門の貨幣循環

さて、これまでの貨幣循環の説明は、図3にあるように、政府が考慮されていません。

しかし、債務を負って支出を行なうというのは、企業だけではなく、政府でも同じです。

そこで、図3の「企業」とあるのを「政府」に置き換えて、貨幣循環を考えてみましょう。

この場合、「企業」を「政府」に置き換えるだけではなく、「民間銀行」を「中央銀行」に置き換える必要もあります。

なぜなら、民間銀行は、政府に対して貸出しを行なうことはできないからです。政府に貸出しを行なうことができるのは、中央銀行だけです。

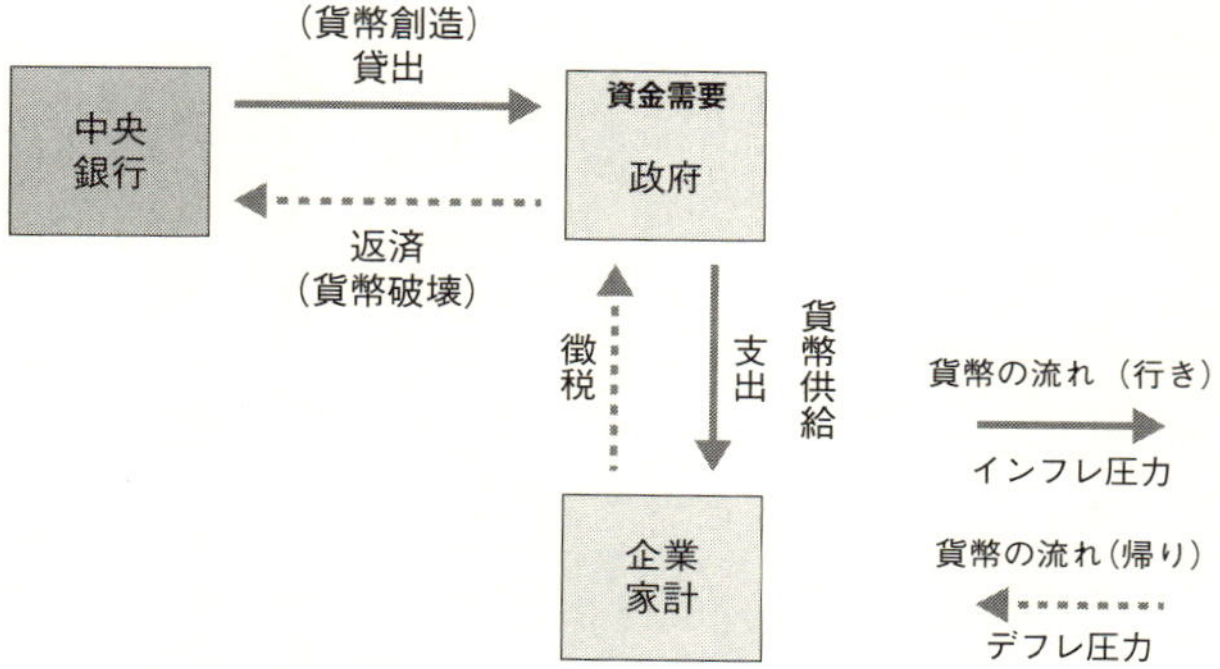

図5　貨幣循環（政府部門）

こうして、政府部門の貨幣循環は、図5のようになります。

この貨幣循環の過程では、公共的な事業を行ないたいので資金が欲しいという、政府の資金需要が出発点となります。

その政府の資金需要に対して、中央銀行が政府に貸出しを行なうことで、貨幣（準備預金）が創造されます。中央銀行も、信用創造によって、無から貨幣を創造するのです。

次に、政府が事業を行なうために支出を行ないます。例えば、道路や橋を建設するために、建設会社に支払いを行ないます。

この政府支出によって、貨幣は、民間部門へと供給されます。

　このように**政府部門の貨幣循環における「貨幣供給」とは、政府が中央銀行から借入れを行なって支出するという財政政策によって行なわれる**ものなのです。

　そして、政府から貨幣を受け取った民間企業もまた支出を行ない、貨幣は民間経済の中を巡ります。

　さて、民間部門の貨幣循環では、企業は借入を元にして行なった事業の収入によって、貨幣を回収し、民間銀行への返済を行ないます。これによって、貨幣は破壊され、消滅します。

　他方、政府部門の貨幣循環では、政府は**徴税**によって税収を得て、貨幣を回収します。**政府は、民間企業とは異なり、その徴税権力によって強制的に収入を得ることができる**のです。

　そして、政府は、徴税によって回収した貨幣をもって、中央銀行に対して債務の返済を行ないます。これによって、貨幣は破壊され、消滅するのです。

◆政府支出が先で、税収が後

以上が、政府部門の貨幣循環のプロセスになりますが、ここでもまた、非常に重要なことが確認できます。

① 政府支出が先、税収が後

一般に、政府は、税収を財源として支出を行なわなければならないと信じられています。

しかし、図5を見てください。政府は、先に貨幣の支出を行ない、その後で、税収を得ています。

企業が支出にあたって収入を必要としていないのと同じように、**政府も支出にあたって税収という財源を必要としない**のです。中央銀行が貸出しを通じて貨幣を創造し、供給してくれるからです。

もっとも、企業の場合は、事業収入の見込みがなければ、民間銀行は貸出しをしてくれません。

これに対して、政府であれば、強制的な徴税権力によって確実に収入を確保することができます。ですから、政府が、（自国通貨建ての）債務を返済できなくなることはない、つまり財政破綻《はたん》することはないのです。

したがって、中央銀行は、必ず政府に貸出しを行なってくれます。民間銀行が企業に対して行なうような与信審査も、政府に対しては必要ありません。

つまり、徴税権力がしっかりしている近代的な政府は、支出にあたって、事前に財源を確保する必要はまったくないのです。

これは、世間一般で信じられている常識に反するので、受け入れがたいかもしれません。しかし、それは「貸出しが預金という貨幣を創造する」という信用創造を理解していないことから生じる違和感なのではないでしょうか。

政府支出にあたって事前に財源を確保しなくてよいというのは、信用創造を正確に理解していれば、当然の結論なのです。

②税収と政府債務の返済が、貨幣を破壊する

図5の実線の矢印が描くように、中央銀行から政府への貸出しによって貨幣は無から創

造され、政府支出によって民間経済の中に貨幣が供給されていきます。

そして、図5の点線の矢印のように、政府が税を徴収することで、貨幣は経済の中から引き抜かれて、政府の元へと帰ってきます。

そして、政府が税収によって得た貨幣をもって中央銀行に債務の返済を行なうと、貨幣は破壊され、消滅します。


ここで、またしても、世間一般の常識をくつがえす事実が判明します。

先ほどの「①政府支出が先、税収が後」でも述べたように、政府は、支出にあたって事前に税収を必要とはしません。つまり、税は、政府支出の財源確保の手段ではないのです。政府支出の財源は、中央銀行が信用創造によって無から生み出すのです。

政府は、むしろ、徴税によって得た貨幣を中央銀行への債務の返済に使い、それによって貨幣を消滅させます。

ということは、**税は、財源（貨幣）確保の手段ではなく、財源（貨幣）破壊の手段**だということになるのです。

そして、政府債務を返済するということは、貨幣を消滅させるということです。

ということは、税収を増やして政府債務を減らそうとする努力、いわゆる**「財政健全化」とは、貨幣を民間経済から引き抜いて破壊することだ**ということになります。

図5においても、図3と同様に、実線の矢印はインフレ圧力を示し、点線の矢印はデフレ圧力を示します。

政府債務の増大と政府支出の拡大は、実線の矢印ですから、インフレ圧力を発生させます。

逆に、財政健全化、つまり増税と政府債務の返済は、点線の矢印です。**財政健全化は、デフレ圧力を発生させる**のです。

③すべての企業が債務を完済し、さらに政府も債務を完済してしまうと、貨幣がこの世から完全に消えてしまう

債務の返済とは、貨幣の破壊です。

したがって、すべての企業と政府が債務を完済することはできません。そんなことになったら、この世から貨幣が完全に消えてなくなることになってしまうからです。

先ほど述べたように、デフレになると、民間銀行は貸出し（貨幣の創造）ができなくなり、企業は債務の返済（貨幣の破壊）に走らざるを得なくなります。

デフレとは、貨幣が消えていくという現象なのです。

そういうデフレの時に、政府までもが財政健全化を推し進めたら、つまり財政支出を抑制し、政府債務の削減に努めたら、言うまでもなく、貨幣はもっと消えていきます。

最終的には、貨幣がこの世から消滅し、経済は崩壊することでしょう。

ここで、またしても、世間一般の常識に反する事実を指摘しなければなりません。

一般に、財政赤字や政府債務は、減らすべきものだと考えられています。

しかし、政府が債務を負うということは、貨幣が創造されたということであり、そして赤字財政支出を行なうということは、経済に貨幣を供給しているということです。

そうだとすると、財政赤字や政府債務は、減らした方がいいというものではないということになります。

それどころか、**デフレで貨幣の流通量が不足しているような時は、政府は債務を増やし**

（貨幣創造を増やし）、赤字財政支出を拡大（貨幣供給を増加）させた方がよいということになるのです。

◆「失われた三十年」の原因

この貨幣循環理論や、前章で論じたシュンペーターの貨幣理論を理解すると、日本の「失われた三十年」の原因が、よりいっそう、はっきりと分かるでしょう。

「失われた三十年」の発端は、一九九〇年代初頭の資産価格の暴落、いわゆるバブル経済の崩壊です。

資産価格の暴落というのは、まさに、典型的な「信用デフレ」です。

当初、日本政府は、公共投資の拡大などの経済対策を講じていました。まさに、政府が需要を創造し、貨幣供給を増やしていたわけです。

これは、規模は不十分だったかもしれませんが、デフレ対策としては正解です。おかげで、一九九〇年代半ばまでは、なんとかデフレにはならず、経済も成長していました。

ところが、一九九六年に成立した橋本龍太郎政権は、公共投資の拡大によって増加した財政赤字に恐れをなし、これを縮小すべく、財政支出を抑制し、さらに消費税率を三％から五％へと引き上げました。

しかし、貨幣循環理論が明らかにしたように、財政支出の抑制とは、政府の資金需要を減らし、貨幣供給を減少させることです。そして、消費税の増税とは、貨幣を破壊するために経済から引き抜いてくることです。つまり、デフレを引き起こすということです。

その結果、日本経済は、一九九八年から、理論どおりにデフレに陥ってしまいました。

それにもかかわらず、二〇〇一年に成立した小泉純一郎政権以降、財政支出の抑制は続けられました。それどころか、二〇一〇年代には、安倍晋三政権の下で、消費税率が五％から八％へ、さらには一〇％へと引き上げられました。

これではデフレから脱却できず、経済も成長しなくなって当然でしょう。

貨幣循環理論やシュンペーターの貨幣理論を応用することで導き出せる結論は、**デフレから脱却し、経済を成長させるために必要だったのは、財政支出の拡大だった**、ということになります。

◆日本政府は、バラマキをやってきたのか

このように言うと、やはり違和感を覚える人が少なくないかもしれません。なぜなら、「財政政策では経済は成長しない」とか「これまで、さんざんバラマキをやってきたけれど、政府債務がふくらんだだけで、経済は成長しなかった」とかいった主張が広く流布されているからです。

それでは、図6をご覧ください。

これは、先に参照した朴勝俊・シェイブテイル『バランスシートでゼロから分かる 財政破綻論の誤り』（青灯社）にある図で、一九九七年から二〇一七年までの二十年間の、主要三一か国の財政支出の伸び率とGDP成長率の相関関係を表したものです。

一目瞭然ですが、経済成長率と政府支出の伸び率は、見事に相関しています。

そして、**この中で、経済成長率が他のどの国よりも低いだけではなく、政府支出の伸び率も他のどの国よりも低い国（点線丸囲い）、それが日本なのです。**

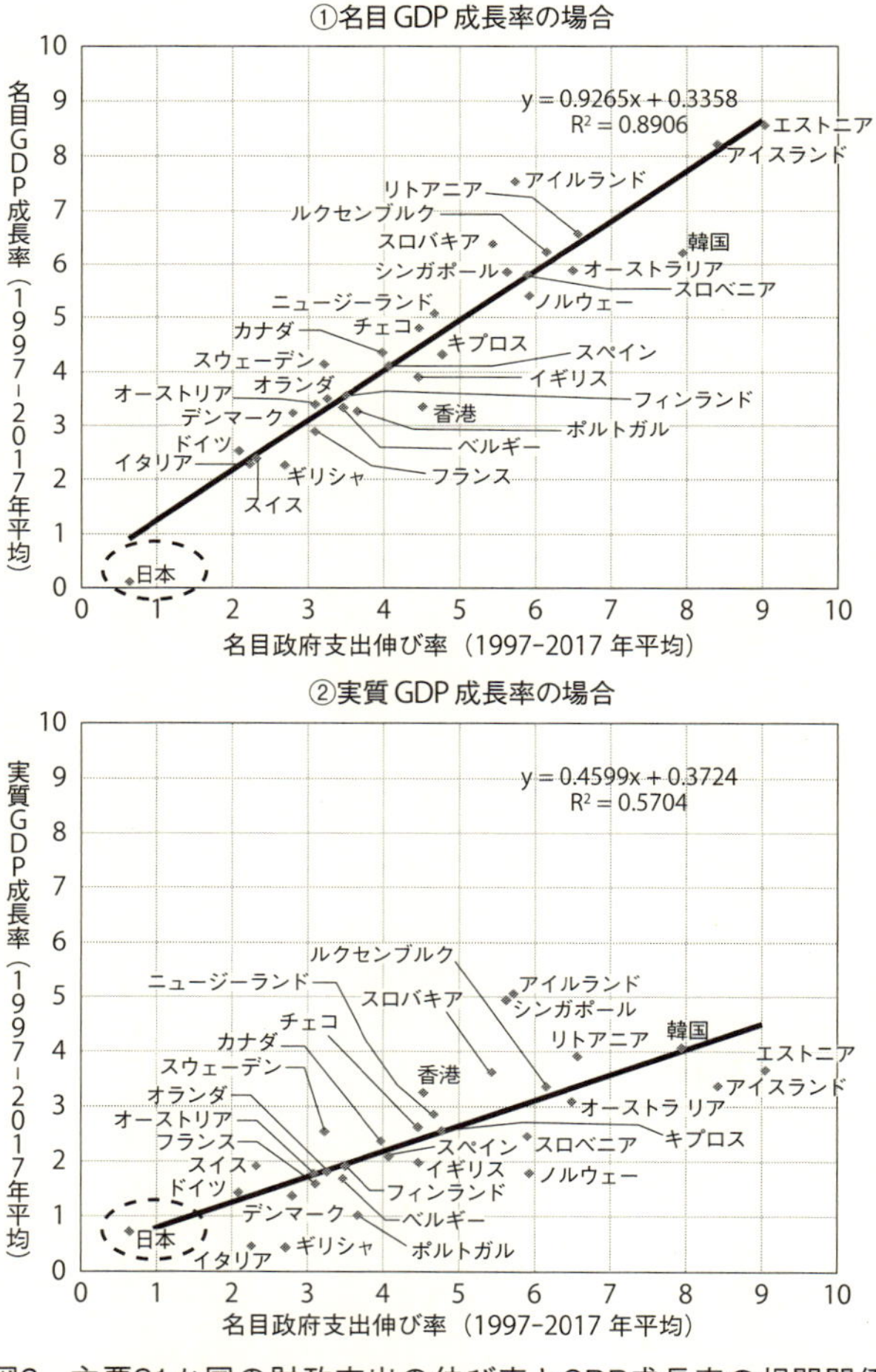

図6　主要31か国の財政支出の伸び率とGDP成長率の相関関係（1997-2017）

出典）朴勝俊・シェイブテイル『バランスシートでゼロから分かる財政破綻論の誤り』（青灯社）2000年、p.173

ところで、この図6を見せられると、「いや、この図は、経済成長率と政府支出の伸び率の相関関係を示しているだけであって、因果関係ではない。この図だけで、政府支出を伸ばしたら経済が成長するとは言えない」と反論する人がよくいます。

確かに、この図6だけであれば、経済成長と政府支出の相関関係を示しているに過ぎないのでしょう。しかし、その因果関係については、これまでの議論において、シュンペーターの経済発展の理論と貨幣循環理論によって説明済みですので、繰り返す必要はないでしょう。

それに、因果関係をどうこう議論する前に、少なくとも、この図6で「日本政府は、これまで、さんざんバラマキをやってきた」という前提が間違いであることは確認しておかなければなりません。

財政支出を拡大しても無駄かどうかを問う前に、そもそも、日本は、財政支出をほとんど拡大させていないのです。そして、他の主要三十か国は、日本よりもはるかに財政支出を拡大させています。

日本は、世界に冠たる緊縮財政国家であったのです。

◆なぜ、日本の財政赤字は減らないのか

では、日本はこれほど財政支出の抑制に努めてきたのに、どうして、財政赤字は拡大し、政府債務は増大してきたのでしょうか。

説明しましょう。

そもそも、経済全体で考えると、誰かの債権は別の誰かの債務であり、誰かの黒字は別の誰かの赤字に必ずなります。全員が黒字になることはできません。

そうすると、次の式が成り立ちます。

「民間部門の収支」＋「政府部門の収支」＋「海外部門の収支」＝0

説明を簡単にするために、海外部門の収支を無視すると、こうなります。

「民間部門の収支」＋「政府部門の収支」＝0

このように、「民間部門の収支」が黒字ならば、その裏返しで、「政府部門の収支」は赤字になるはずです。

さて、これまで説明してきたように、そして図4が示すように、デフレになると、企業は投資をせずに貯蓄に走らざるを得なくなり、「貯蓄超過／投資不足」になります。

つまり、経済全体で見ると、「民間部門の収支」は黒字になるのです。

そうすると、当然の結果として、その裏返しで、「政府部門の収支」は赤字になります。民間部門の貯蓄超過と政府部門の債務超過は、表と裏の関係なのです。

言い換えれば、**デフレで企業が投資できずに貯蓄超過でいる限り、政府債務が減るはずがないのです。**一九九七年から二十年間、政府支出を抑制してきたのに財政赤字が拡大してきたのは、デフレだったからだということです。

したがって、財政赤字を削減するには、デフレを脱却して、企業が積極的に投資を行なうようになり、民間部門が投資超過になるようにすればよいのです。

それにもかかわらず、**デフレで民間部門が貯蓄超過になっているのに、無理やり、政府部門の赤字を減らそうとしたら、国民所得が減るという形で減らすしかありません。**

しかし、それは、恐慌を引き起こすということです。

民主国家の政府では、そんな国民を犠牲にする乱暴な政策を強行することはできません（そもそも、そんなことを強行する意味もないのですが）。

だから、日本政府は、財政赤字をなかなか減らせないのです。

というわけで、**日本の財政赤字の拡大は、財政支出を過剰に拡大し続けてきたからではなく、その逆に、財政支出の拡大が不十分だったからだ**ということになります。

◆インフレ対策はどうするのか

さて、二〇二〇年代に入ると、世界各国とも、インフレに悩まされるようになりました。

では、このインフレ対策は、どのようにすればよいのでしょうか。

前章において少し述べたように、二〇二〇年代初頭のインフレは新型コロナウイルス感染症パンデミックによる労働力不足や物流の混乱が原因であり、二〇二二年以降のインフレはウクライナ戦争による食糧価格やエネルギー価格の高騰、パンデミック収束後の需要の急回復などが原因とされています。他にも、少子化による労働力不足もインフレに寄与しているでしょう。

いずれにしても、インフレの原因は、供給の不足にあります。

したがって、その対策は、生産性の向上などの供給力を強化することになります。


さて、供給力を強化するためには、投資が必要です。

投資の増加は需要の拡大を意味するので、一時的には、インフレはより高進するかもしれません。しかし、それも一時的な現象であって、生産設備が稼働し始めて供給が増加すれば、インフレは収束の方向へと向かいます。

ただし、そう簡単にはいかないのも事実です。

なぜなら、今日のように、地政学的リスクの高まりなどによって、先行きが不透明な中では、企業は投資に及び腰になりがちだからです。

しかも、実質賃金が下落している中では、消費需要も低迷するので、ますます投資は難しい。設備投資を行なって、製品を生産したところで、売れそうにないからです。

しかも、エネルギー価格や食糧価格の高騰を抑制するには、エネルギーや食糧の供給力を強化しなければなりませんが、それには何十年という時間がかかるでしょう。そうなると、投資を民間企業だけに任せるのは、無理です。

そうだとすると、政府が財政支出を拡大して、企業の投資を促進したり、あるいは政府自らが投資を行なったりして、供給力を強化する必要があります。

このように、**デフレ対策だけでなく、二〇二〇年代初頭のインフレ対策でも、必要なのは積極的な財政支出**だということです。

結局のところ、**財政規律に固執して政府支出を抑制している限りは、どんな政策も、うまくはいかない**のです。先立つものがなければ、何もできません。

◆ケインズか、シュンペーターか

もっとも、「不況になったら、財政支出を拡大すべきだ」という考え方は、シュンペーターというよりはむしろ、彼と並ぶ二十世紀の経済学の巨人ケインズが理論化し、広めたものとして知られています。いわゆるケインズ主義です。

これに対して、シュンペーター自身は、不況時の財政出動に関しては、どのように考えていたのでしょうか。

一般に、シュンペーターは、不況時に財政出動を行なうというケインズ主義的政策に関しては、否定的であったと考えられています。

例えば、シュンペーターは、『経済発展の理論』（初版）の中で、不況という現象について、おおむね、次のような分析を示しています。

新結合が行なわれると、静態的な経済が攪乱《かくらん》されるが、いずれ均衡を回復し、新しい静態的な経済システムへと移行しようとする流れが生じる。こうした過程の中で、不均衡が生じ、損失が生まれる。それが不況である。

不況というのは、新結合によって経済が次のステージへと発展する際に必然的に生じる副作用のようなものだというわけです。

だとすると、何らかの政策によって不況を克服しようとすることは、古い企業を温存し、経済が次のステージへと発展するのを妨げることにもなりかねません。むしろ、古い企業を淘汰・清算し、新しい経済に移行した方が、経済発展のためにはよいでしょう。いわゆる産業の「新陳代謝」です。

日本では、この三十年の間、「非効率な企業は救済せずに、市場から退出させるべきだ」とか「経済停滞を打破するためには、産業の新陳代謝が必要だ」とかいった主張が幅を利かせていました。中には、そういう主張を正当化するために、シュンペーターの名前を持ち出す論者もいました。

確かに、シュンペーターを読んでいると、彼がそのように考えているように受け取れるところもあります。

例えば、シュンペーターは、不況に対する「最も重要な、そしていかなる異論にも曝《さら》されない唯一の治療法は景気予測の改善である」[42]と述べています。そして、無制限の信用緩和は不況を阻止できるかもしれないが、「それはつねに不況に帰せしめられる淘汰の作用を無効にし、適応不能者や生活不能者を引きずっていくという目に見えない犠牲を国民経済に課すという事実である」[43]と指摘しています。

これは、「政府の景気対策は、淘汰されるべき非効率部門を温存することになり、かえって経済成長の妨げとなる」という、この三十年間、よく耳にしてきた議論と同じものに見えます。

◆不況で生き残るのは、新しい企業ではなく古い企業

しかし、『経済発展の理論』（初版）をよく読むと、シュンペーターは、**経済発展に伴う通常の不況と、そうではない異常な不況とを区別**しているのが分かります。

そして、後者の異常な不況については、不況対策を必ずしも否定していないのです。

通常の清算過程は必然的で避けられない。またあらゆる発展が国民経済のこれまでの均衡を攪乱し、反作用からくる混乱を引き起こすことは阻止できない。（中略）しかし私たちが恐慌という語をそれに限定した意味での崩壊、つまりまだ不明な状況に対する間違った判断の結果にすぎない崩壊、実際上の区別は難しいにせよ、概念的には簡単に他の崩壊と区別できる崩壊に関しては、もちろん事情が異なっている。こうした崩壊は、発展の基礎的事実から必然的に生じるわけではなく、それがどれだけの規模になるかは、実際問題としてはまさに偶然なのである。またすべての恐慌のなかでも、この種の崩壊は防げるし、あれやこれやの実際に発生した崩壊も防げたかもしれないと言うこともできる。（中略）しかし、指導者はその役割をすぐに断念する必要

> はない。よく組織された市場で銀行界と協調して、清算過程で異常現象が起こることを回避するために意識的な行動をとることもできる。（中略）こうした行動には欠点もある。つまり当然ながら必要で有用な再組織の過程も止めてしまうことである。しかし、それを姑息な手段ということはできない。彼らはなすべきことを実際に実行できるし、とりわけ目的も意味もないパニックを阻止できるのである。[44]

このように、シュンペーターは、必ずしも、不況の放置を正当化していたわけではありませんでした。**彼は、通常の経済発展に伴う不況ではない、異常な不況については、経済の崩壊を阻止するように対処できるし、すべきであると考えていたのです。**

ちなみに、ほとんど知られていませんが、**シュンペーターは、不況において生き残るのは、新しい企業よりもむしろ、古い企業になると指摘しています。**

なぜなら、古い企業の方が内部資金がより潤沢にあるし、銀行との長年の取引関係もあるので、不況のショックに対する耐性がより強いからです。これに対して、新しい企業は、はるかに簡単に破産に至ります。

そうだとすると、不況によって淘汰されるのは、むしろ、スタートアップ企業のような、新しい企業の方だということになってしまうでしょう。これは、いわゆる「新陳代謝」とは逆の現象です。

シュンペーターは、その可能性に気づいていました。

> このことは事態の姿を歪めるものであって、また恐慌の「淘汰過程」については重要な留保条件をつけずには語ることができないということの理由でもある。恐慌を生きぬく最善の見込みをもっているものは、それ自身最も完全なものではなく、堅実に支持されたものだからである。[45]

また、シュンペーターは、『経済発展の理論』（初版）の最終章を大きく加筆修正した「第二版」においても、「異常な不況」を放置すべきではないと述べています。

> 正常な経過と異常な経過の現象は単に概念的に区別されるだけではなく、それらは現実に異なった事象であり、十分に透徹した洞察をもってすれば、今日でさえも通常多

くの具体的な場合が前者または後者に属するものとして認識されるのである。その政策は個々の不況において脅威を受けた多数のものの中で、好況によって技術的および商業的に克服されるものと、第二次的な事情や反動や偶然によって災害を受けたと思われるものとを区別して、前者を放任し、後者を信用供与によって支持しなければならないであろう。そしてその政策は、種族衛生の意識的政策が事態の自然的放任からはけっして収めえない成果を収めたのと同じ意味で、成果を収めることができよう。[46]

なお、こう書いた後、シュンペーターは、「しかし、どんな治療法も経営方法、個人的地位、生活形態、文化価値、理想などの衰退という大きな経済的、社会的過程を阻むことはできない」[47]とも述べています。

しかし、これは「経済発展のためには不況を放置すべきである」という意味ではありません。ここで、シュンペーターは、より長期的・歴史的に見ると、資本主義社会が転換、より率直に言えば、衰退していく過程にあるという、壮大なヴィジョンを予告しているのです。

その壮大なヴィジョンは、シュンペーターが『経済発展の理論』からおよそ三十年後に書いた『資本主義・社会主義・民主主義』の中で、明らかにされました。それについては、第八章で論じますが、今の時点で重要なのは、その『資本主義・社会主義・民主主義』の中で、シュンペーターが次のように述べているということです。

他方において、われわれは次の点に関するかぎり、政府の赤字支出の弁護者たちに同意せざるをえない。すなわち、景気循環のメカニズムに内在する原因からにもせよ、その他の原因からにもせよ、「累積的な下降過程」の危険が存在する場合、換言すれば、Aの生産制限がBの制限を誘引し、次々に経済の全体をつうじてそういうことが行なわれ、物価の下落がさらに物価下落の理由となり、失業は失業のうえにさらに拡大するといったような情況が出現しそうな場合には、いつでも政府の赤字支出は、この「悪循環」を阻止するであろうから、もしわれわれがしばらく他のいっさいの考慮を無視することにすれば、正当に有効な救済と呼ばれうるであろう。真の抗議は、すでに生起してしまった危急の場合における所得造出的な政府支出に対するものではなくて、かかる支出が必要とされるような危急の状態をつくり出す政策に対するものである。[48]

この記述は、シュンペーターが、デフレを阻止するためには赤字財政支出の拡大が有効であると考えていたという、決定的な証拠と言ってもよいでしょう。

さらに、シュンペーターは、最晩年（一九四九年）の講演において、アメリカにおける大恐慌の諸要因について論じる中で、「これまで述べた諸要因は実践的に回避可能であるということの意味は、十分に強力で知的な政府であれば、適正に組織化された銀行システムの助力を得て、これらを回避できるだろうということである[49]」と述べています。

◆日本の愚策

このように、シュンペーターは、経済発展の過程における産業の新陳代謝としての不況と、そうではない不況を区別し、後者の不況については政策によって阻止することを認めていました。

さらに、後年には、デフレを防ぐために赤字財政支出を拡大するという、ケインズ主義的な財政政策に対する支持を表明するようになりました。

シュンペーターは、デフレを放置して産業の新陳代謝を進めるべきだなどという、粗雑

で乱暴な考えの持主ではなかったのです。

さて、先ほども述べたように、一九九八年以降の日本は、長期のデフレ不況にありました。このデフレ不況は、経済発展の過程に必然的に伴う不況ではなく、資本主義の機能停止という異常事態であることは明らかです。

したがって、ケインズだけではなく、シュンペーターであっても、赤字財政支出を拡大して、早急にデフレから脱却すべきであると提言したことでしょう。

ところが、このデフレ不況の下で日本政府がやったのは、財政赤字を抑制しようとしただけでなく、企業倒産や失業の増加を「産業の新陳代謝」などと称して放置するという、極めてお粗末な発想に基づく経済政策だったのです。

この三十年間、多くの人が、「日本にはスタートアップ企業が出てこない」だの「イノベーションが起きない」などと嘆いてきましたが、それも当然と言わなければならないでしょう。

日本では、デフレ不況を長引かせたために、新しい企業の方が淘汰されてしまったのです。

第四章

創造的破壊とは何か

◆二人のシュンペーター？

第一章で見てきたとおり、シュンペーターは一九一二年に刊行された『経済発展の理論』（初版）の中で、イノベーションを起こし、経済発展のエンジンとなるのは、「企業者」であると論じました。

「企業者」とは、古いやり方を維持しようとする社会の圧力や習慣の心理を跳ね返して、新しいことを始める精力的な「行動の人」です。

そして、その行動の動機となるのは、新しい製品や生産方法、あるいは新しい組織を生み出す時に感じる「創造的活動の喜び」と、経済的な欲求の充足を超えた「社会的な権力的地位につく喜び」である。

シュンペーターは、このように分析しました。

シュンペーターの言う「企業者」というのは、今で言うところのスタートアップ企業の創業者、いわゆる「起業家」といったイメージとぴったり合致しています。

今日、スタートアップ企業は、経済成長の原動力であると期待されています。日本が

「失われた三十年」と言われる長期の経済停滞から抜け出せないのも、スタートアップ企業が少ないからだと指摘されています。こうしたことから、政府の成長戦略の目標として、企業の開業率を上げることが設定されることもあります。

スタートアップ企業を創業する起業家といえば、エネルギッシュで、天才的なひらめきをもち、そして失敗を恐れない冒険家的な人だと考えられています。そういう起業家になるような人材を育てることが、日本経済の復活には必要だと言われたりもします。

シュンペーターもまた、経済発展の原動力となる「企業者」とは、そういうエネルギッシュで強烈な個性をもった個人だと考えていました。『経済発展の理論』が、その「企業者」の性格と行動の動機を解明しようとしているのは、そのためです。

今日、成長戦略といえば、必ずと言ってよいほど、スタートアップ企業に対する支援や起業家の育成が挙げられます。このような発想の原点は、シュンペーターの『経済発展の理論』にあるのかもしれません。

シュンペーターが『経済発展の理論』（初版）を書いたのは二十世紀初頭であり、彼が二十八歳の時でした。

ところが、それからおよそ三十年後、晩年のシュンペーターが発表した大著『資本主義・社会主義・民主主義』では、イノベーションの担い手として描かれたのは、起業家のような個人ではありませんでした。

イノベーションを起こすのは、大規模な企業の組織と戦略だとシュンペーターは論じたのです。

◆シュンペーター・マークII――創造的破壊は、大企業が起こす

『経済発展の理論』では、イノベーションの担い手は起業家（企業者）だったのに、『資本主義・社会主義・民主主義』では、それが大企業組織になってしまっています。

ちなみに、シュンペーターがイノベーションについて表現したものとして、「創造的破壊」という言葉が知られています。この「創造的破壊」という用語は、『資本主義・社会主義・民主主義』の中で使われたものです。

シュンペーターは、「創造的破壊」を起こすのは、起業家ではなく、大企業組織だと論じていたのです。

このように、シュンペーターのイノベーションの理論は、前期と後期で、おもむきがだいぶ異なっているように見えます。

この「前期シュンペーター」と「後期シュンペーター」の違いは、産業組織やイノベーションの研究者たちの間ではわりと知られています。

研究者の中には、**イノベーションの担い手を個人とみなした『経済発展の理論』のシュンペーターを「シュンペーター・マークI」と呼び、大企業組織とみなした『資本主義・社会主義・民主主義』のシュンペーターを「シュンペーター・マークII」と呼ぶ**[50]人もいます。

もっとも、この後、明らかにしていますが、「シュンペーター・マークI」と「シュンペーター・マークII」とでは、その理論の基本的な性格は一貫しています。

シュンペーターは、前期と後期で転向したというよりはむしろ、「シュンペーター・マークI」の進化形が「シュンペーター・マークII」である、そう理解すべきだと私は思います。

それでは、具体的に『資本主義・社会主義・民主主義』をひもときながら、「シュンペーター・マークII」の議論をたどってみましょう。

◆「完全競争」など存在しない

第一章で見たように、『経済発展の理論』は、主流派経済学の市場均衡理論に代わる、より資本主義の動態的な現実をとらえた理論を打ち立てようとするものでした。

その姿勢は、『資本主義・社会主義・民主主義』において、より徹底されることとなりました。シュンペーターは、「およそ資本主義は、本来経済変動の形態ないし方法であって、けっして静態的ではないのみならず、けっして静態的たりえないものである[51]」と明言したのです。

したがって、主流派経済学の市場均衡理論が想定する完全競争もまた、現実にはあり得ません。「完全競争が、現在においても過去のいかなる時代においてもけっして現実的でなかったことはきわめて明白である[52]」とシュンペーターは断言しました。

もちろん、現実の経済において、企業は激しく競争しています。しかし、その競争は、主流派経済学が想定するような「完全競争」ではないとシュンペーターは言います。

主流派経済学における「完全競争」とは、「同一の商品やサービスについて、無数の生産者と消費者がいて、自由に競争しているが、どの生産者も消費者も、市場の価格を与えられたものとして受け入れている」という競争を指します。

しかし、現実の経済で行なわれている競争は「完全競争」ではないというのなら、どのような競争だとシュンペーターは主張したのでしょうか。

それは**「独占的競争」**と呼ばれる競争です。

「独占的競争」というのは、**多数の生産者と消費者がいて、同一の商品やサービスをめぐってではなく、商品やサービスの差別化を行なうことによる競争**であり、また、**価格も所与のものとして受け入れるのではなく、戦略的に価格を設定してライバル企業を打ち負かそうとする競争**のことです。

◆独占的競争

「独占的競争」こそが、より現実に即した「競争」の姿である。シュンペーターは、そう主張しました。

もしもわれわれが完全競争をもたらすために満たさるべき諸条件をもっと精密に考察すれば――（中略）――農産物の大量生産を除いては、完全競争の例がけっして多くはありえないことがただちに了解されよう。（中略）そして実際に商工業のいっさいの完成品やサービスについていえば、あらゆる雑貨商、あらゆる給油所、手袋やひげそりクリームや手のこぎりのあらゆる製造業者が自分だけの小さく不安定な市場をもっていることは明らかである。彼らは、その市場を価格戦術、品質戦術――「生産品銘柄」――、広告などによってきずき上げ、かつ維持せんとつとめる。否、つとめねばならぬ。ここにいたってわれわれはまったく異なった類型を得る。そこには完全競争の結果がもたらされると期待すべき理由はまったく存在せず、したがってそれは独占的図式のほうにはるかによく適合するものである。かような場合は「独占的競争」と呼ばれている。そしてその理論は戦後の経済学に対する重要な貢献の一つであった。[53]

確かに、ここに描かれているのが、私たちにとってなじみのある企業の競争の姿でしょう。

どんな企業も、自社製品の価格を戦略的に設定し、製品の品質で他社製品との差別化を図り、そして盛んに広告を打って、自社製品の消費者を囲い込もうと競争しています。当たり前の話です。

ただし、問題は、このような企業の競争は、主流派経済学の市場均衡理論が想定する「完全競争」ではないということです。

繰り返しになりますが、「完全競争」ではなく、「独占的競争」こそが、現実的な競争の姿です。

「完全競争」として想定されているのは、企業が商品やサービスの差別化を行なわず、価格も受け入れるだけで自ら設定しないというあり方です。「完全競争」では、企業戦略などというものは、無用なのです。

しかし、そんな「完全競争」などという競争をやっている企業は、シュンペーターの言うとおり、現実の経済には存在しないと言ってよいでしょう。

さらに言えば、企業は、主流派経済学が想定するように、価格だけで競争しているのではありません。商品の品質、技術、原材料の調達先、企業組織のあり方など、あらゆる方法を駆使して、激しく競争しているのです。

「だが教科書的構図とは別の資本主義の現実において重要なのは、かくのごとき競争ではなく、新商品、新技術、新供給源泉、新組織型（たとえば支配単位の巨大規模化）からくる競争である[54]」とシュンペーターは断言しました。

◆市場が均衡することはない

主流派経済学の市場均衡理論は、完全競争が市場均衡をもたらすという理論でした。しかし、「完全競争」などというものは、実在しません。実在する競争は、「独占的競争」です。

「独占的競争」では、市場が均衡することはありません。

このことは、第一に、均衡という基本的概念に基礎をおく命題についていえる。その均衡とは、所与の状態がつねにそのほうへ引きつけられるような経済有機体のある確定的な状態をさすものであり、それ自ら一定の単純な性質をもつものである。寡占の一般的場合には、事実上およそ確定的な均衡などというものはまったく存在しない。そこには、運動と反運動の無限の連続、すなわち企業間のたゆみなき闘争状態、の可能性が現われる。もっとも、理論的には均衡状態の存在する多くの特殊な場合の有ることも事実である。第二に、かような特殊の場合においてすら、均衡状態は完全競争の場合におけるものよりはるかに到達しがたく、それを維持することはさらに困難である。それればかりではない。そこではまた、古典派型の「有利」な競争が、あたかも「掠奪的」ないし「殺人的」な競争に、あるいは単に金融部面における支配力の闘争に、置き換えられるようにみえる。かようなことは社会的浪費のはなはだ多数の源泉である。さらには、広告戦、新生産方法の抑圧（それを使用しないようにと特許権を買いだめること）等の他の多くの浪費の源泉もある。なかでももっとも重要なのは、ここに想定されたような状態のもとでは、かりに均衡が非常に費用のかかる方法でついに到達されたとしても、それはもはや完全競争理論の意味での完全雇用をも生産量極大をも保証しないということである。それは完全雇用なしに存在しうる。否、それは、かの極大点以下の生産量水準で存在せざるをえないように思われる。なぜならば、完全競争の状態では不可能であるような利潤保持政策がいまや可能となるばかりか、むしろ強制されるにいたるからである。[55]

◆新しい産業組織

シュンペーターは、『経済発展の理論』では、経済発展のエンジンはイノベーションであり、それを「新結合」と呼んでいました。

改めて確認すると、「新結合」とは、次の五つです。

(1)新しい財貨、すなわち消費者の間でまだ知られていない財貨、あるいは新しい品質の財貨の生産
(2)新しい生産方法、すなわち当該産業部門において実際上未知な生産方法の導入。商品の商業的取扱いの新方法も含む
(3)新しい販路の開拓、当該国の当該産業部門が従来参加していなかった市場の開拓
(4)原料あるいは半製品の新しい供給源の獲得
(5)新しい組織の実現、独占的地位の形成あるいは独占の打破

シュンペーターは、『資本主義・社会主義・民主主義』では、「新結合」という用語は使っていませんが、しかし、その考え方は踏襲しています。

資本主義のエンジンを起動せしめ、その運動を継続せしめる基本的衝動は、資本主義的企業の創造にかかる新消費材、新生産方法ないし新輸送方法、新市場、新産業組織形態からもたらされるものである。[56]

ここで特に重要なのは、**「新産業組織形態」**、すなわち「新結合」のうちの「(5)新しい組織の実現、独占的地位の形成あるいは独占の打破」です。

この後、明らかにしていきますが、『資本主義・社会主義・民主主義』の主なテーマは、この「新産業組織形態」にあると言ってよいでしょう。

「新産業組織形態」に関する議論は、『経済発展の理論』では不十分でした。その産業組織論を深堀りして発展させたのが、『資本主義・社会主義・民主主義』です。『資本主義・社会主義・民主主義』は、言わば「産業組織論」なのです。

◆「内部から経済構造を革命化する」

さて、以上を踏まえた上で、いよいよ、かの有名な「創造的破壊」について、見ることにしましょう。

シュンペーターが「創造的破壊」という言葉に言及した箇所を抜粋します。

> 内外の新市場の開拓および手工場の店舗や工場からU・S・スチールのごとき企業にいたる組織上の発展は、不断に古きものを破壊し新しきものを創造して、たえず内部から経済構造を革命化する産業上の突然変異——生物学的用語を用いることが許されるとすれば——の同じ過程を例証する。この「創造的破壊」(Creative Destruction)の過程こそ資本主義についての本質的事実である。それはまさに資本主義を形づくるものであり、すべての資本主義的企業がこのなかに生きねばならぬものである。[57]

「創造的破壊」と呼ばれる現象は、「不断に古きものを破壊し新しきものを創造して、たえず内部から経済構造を革命化する」とあるように、資本主義の経済構造に内蔵された原動力によるものだ。シュンペーターは、そう述べています。

その経済構造の内部の原動力、すなわち創造的破壊の原動力とは、『経済発展の理論』では「企業者」という特殊な個人でした。それは、いわゆるスタートアップ企業の創業者のような起業家のイメージです。これが「シュンペーター・マークⅠ」です。

ところが、『資本主義・社会主義・民主主義』では、創造的破壊の原動力は、大規模な企業組織、それも独占的な大企業組織だということになっています。これが「シュンペーター・マークⅡ」です。

◆大企業の時代

シュンペーターの見解は、三十年の間に、どうして「マークⅠ」から「マークⅡ」へと変わったのでしょうか。

それは、二十世紀初頭から半ばまでに、企業が大規模化していき、巨大独占企業が現れるようになったこと、そして、それに伴って経済も発展し、人々の生活水準が向上したという現実を目《ま》の当たりにしたからです。[58]

二十世紀前半の経済発展や生活水準の向上が、企業の大規模化や独占化・寡占化と矛盾しないばかりか、独占的な大企業組織がイノベーションを起こして経済発展をもたらした。そうだとしたら、「創造的破壊」の担い手は、大規模な独占的企業だということになります。

ならば、経済学者がやるべき仕事は、独占的な大企業組織が創造的破壊を引き起こすメカニズムを分析することになるでしょう。その仕事にシュンペーターは取り組んだのです。

◆競争制限が、企業を強くする

主流派経済学の市場均衡理論によれば、完全競争こそが経済厚生を最大化するのであって、独占的企業はそれをむしろ妨げるものだということになっています。

したがって、主流派経済学から導き出される経済政策は、規制緩和や自由化など、企業の自由な行動に対する制限をできる限り少なくすることになります。

もちろん、主流派経済学も、市場均衡理論に基づいて、「独占」を分析しています。しかし、その分析によれば、独占は、企業が消費者の経済厚生を犠牲にして利潤を増大させる行動というものに過ぎません。

これに対して、シュンペーターは、独占による競争制限は、もっと重要な便益を企業にもたらすと論じました。「しかしながら創造的破壊の過程にあっては、制限的行動はわが乗る舟を堅固にし、当座の困難を緩和させるのに多大の貢献をなしとげうるであろう」[59]。

この制限的行動の「多大の貢献」とは、どういう意味でしょうか。

シュンペーターが言わんとしたことは、おおむね、次のとおりです。

激しい競争を勝ち残るために企業がやらなければならないことは、言うまでもなく、投資です。しかも、画期的な技術開発や高度な生産設備の導入を行なおうとしたら、長期的な投資が必要になります。

しかし、将来は、何が起こるか分かりません。もしかしたら、巨額の設備投資や技術開発投資を行なっても、失敗に終わるかもしれません。それが長期の投資であれば、なおさらリスクが高いでしょう。

しかも、資本主義経済では「創造的破壊」が起きており、新製品や新組織などが次々に登場するため、先行きはいっそう見通せないものとなっています。

言い換えれば、「創造的破壊」が将来の不確実性を高め、長期的な投資を困難にしているということです。

そういう将来の不確実性が非常に高い資本主義経済の中で、それでもなお長期的な投資を行なうために、企業は、何をしたらよいのでしょうか。

それは、不確実性を低めるように、行動を起こすことです。

具体的に言うと、製品の価格の変動を抑えるために競争を制限したり、技術開発投資のリターンが確実に確保できるように特許権を取得したり、取引先との間で長期契約を締結したり、といった行動が考えられます。

シュンペーターは、こう書いています。

実際にはいかなる投資も、企業者活動の必要な補足として、保険や掛けつなぎのごとき一定の保護活動を伴うものである。急激に変化している状態のもとでの長期投資、とくに新商品や新技術の衝撃のために各瞬間に変化しているかもしくは変化すると思われる状態のもとでの長期投資は、不明瞭であるばかりか、現に動揺している的

――しかも痙攣するように動いている的――に向かって矢を射るようなものである。したがって、特許や〔生産〕過程の一時的秘密や、ある場合にはまた前払いで保証された長期契約等の保全策にたよることが必要となる。（中略）その手段のなかには次のようなものがある。すなわち、普通に合理的と思われるよりもいっそう速やかにそれを償却しうる価格政策、あるいはまた、もっぱら侵略ないし防衛の目的に使わるべき過剰生産力を準備するための付加的投資がこれである。さらにまた、もし長期契約をまえもって取り決めえない場合には、投資している企業から将来の顧客をのがさないようにするための別の手段が工夫されねばならぬであろう。[60]

◆価格の伸縮性は資本主義を破壊する

主流派経済学者は、自由競争を制限する、特に価格を固定化するような企業の行動は、市場の資源配分機能を損ない、経済厚生を低下させるものだと非難します。

しかし、主流派経済学者たちの念頭にあるのは「静態的」な経済であって、「動態的」な経済を想定していません。

これに対して、資本主義は「動態的」な経済であり、その内部では「創造的破壊」が常に進行しています。そのせいで、将来の見通しは、常に不透明なものにならざるを得ません。

しかし、将来の不確実性を低めるような何らかの制限がなければ、企業は長期的な投資を行なうことはできないのです。

将来の不確実性を高める要因の一つに、価格があります。

主流派経済学の市場均衡理論は、市場における価格が変動し、企業がその価格に応じて生産量を変化させることで、効率的な資源配分が達成されるという理論です。

この理論の中核にあるのは、「価格メカニズム」です。価格メカニズムが機能するためには、市場の価格が伸縮自在であること、そして、企業は価格を受け入れるだけであることが重要になります。

したがって、主流派経済学者が提案する経済政策は、市場の価格メカニズムが十分に働くようにすること、つまり、価格の伸縮性を阻害するような要因を取り除くことが主眼になります。規制緩和や自由化といった政策が提案されるのは、そのためです。

しかし、すでに述べたように、現実の企業は、市場価格を受け身の姿勢で受け入れるのではなく、自ら戦略的に製品価格を設定しています。

将来を確実に見通すことができない変動する資本主義の中を勝ち抜いていくため、自社に有利なように価格を設定し、その価格を維持しようとするのは、企業としては当然の戦略的行動でしょう。

企業が価格を戦略的に設定するということは、主流派経済学が理想とする価格の伸縮性は阻害されるということを意味します。

しかし、価格の不安定な変動に翻弄されていては、企業経営は成り立たないでしょう。

こうしたことから、**シュンペーターは、主流派経済学とはまったく逆に、問題なのは価格の硬直性よりもむしろ伸縮性であると主張しました。**

しかし創造的破壊の過程の噴出と変転のなかにあっては、すでに述べたごとく、その反対こそが真理たりうる。すなわち、完全にして即時的なる伸縮性は、機能停止的瓦解を生み出すとさえいえる。[61]

◆自動車はブレーキがある方が速く走る

何らかの競争制限があれば、先の見通しが立ちやすくなるでしょう。そうすると、企業は長期的な投資がしやすくなります。

長期的な投資は、イノベーションを起こすのに欠かせません。イノベーションは簡単に起こせるものではなく、時間をかけて試行錯誤した上に、ようやく達成できるものだからです。

そうだとすると、イノベーションを起こせるのは、競争を制限し、将来の不確実性を下げる能力のある企業だということになります。

それこそが、大企業組織なのです。

大企業組織による競争制限は、「自己の占取すべきものの大部分を自ら創造する」[62]ことだとシュンペーターは言っています。これは、企業戦略というものの本質を突いた表現だと言えるでしょう。企業戦略とはライバル企業との競争を制限しようとすることなのです。

シュンペーターは、大企業組織による競争制限行為を非難する主流派経済学者たちに対して、次のように反論しています。

だが彼らは、たえざる烈風の状態にあっては、この型の制限は、それらが阻止するどころかむしろ保護している長期的拡張過程のつきものであること、しばしば不可避的なつきものであることを認識していない。この立言には、ちょうど自動車はブレーキをもっていればこそ、もっていないときよりも速く走るということと同様に、なんらの逆説も存しない。[63]

企業による競争制限が、企業の長期的投資を可能にし、イノベーションを促す。競争制限によって、イノベーションはかえって活発化するということです。

◆大企業ではイノベーションは起きないのか

今日、イノベーションが起きやすいのはスタートアップ企業であって、大企業では起きにくいと感じる人が少なくないようです。

そういう感覚からすると、シュンペーターのような議論には、強い違和感を覚えるかもしれません。

実は、シュンペーターが大企業による競争制限行動の有効性を論じていた当時も、同じような大企業批判があったようです。

例えば、シュンペーターは、次のような批判を挙げています。

> 他の学説は、次のごときスローガンに結晶されている。いわく、大企業の時代には、現存投資の価値維持——資本の温存——が企業者活動の中心目標となり、費用節減的ないっさいの改良を停止させる見込みが大となるから、資本主義秩序は進歩と両立しなくなる、と。[64]

しかし、シュンペーターは、**競争制限的な戦略をとる大企業が、技術進歩やコスト削減の努力をおこたるなどということは、現実には起きていない**と指摘しています。

なぜなら、大企業は利潤の増大を目指しており、そして、技術開発や合理化に成功すれば利潤が増えることくらい分かっているからです。

その証拠の一つとして、シュンペーターが挙げているのは、大企業が設置する調査研究部です。[65]もし、大企業がイノベーションに興味がなく、現状にあぐらをかいているのであるならば、調査研究部を設けたりはしないはずでしょう。

また、大企業が築いた独占的地位がいつまでも安泰であるとは限りません。それどころか、独占的地位が長期にわたって維持し得ることは、まれです。

なぜなら、「創造的破壊」が起きる資本主義経済では、既存の独占的地位を崩すような画期的な新製品や新生産方式が生まれる可能性が高いからです。

したがって、企業は、技術革新や合理化の努力を絶えず続けなければ、その独占的地位を維持することはできません。だから、独占的な大企業の活動が不活発で沈滞しているはずがない。シュンペーターはそう考えたのです。

独占化は麻酔的効果をもつとのいま一つの通俗的な考え方も再登場する。このために実例を見つけ出すこともまた困難ではない。しかしその上にはなんらの一般理論も樹立されえない。なぜならば、とくに製造工業においては、独占的地位は、一般にけっしてそこに安眠すべきベッドのごときものではないからである。その地位を得るのも、これを保持するのも、鋭敏と精力があってはじめて可能なわざである。[66]

◆イノベーションと完全競争は両立しない

一般に、イノベーションを起こしたければ、市場への参入者を増やして競争を促進した方がよいと考えられています。

ところが、シュンペーターの理論は、その反対でした。**競争を制限する独占企業の方がイノベーションに向いている**というのです。

このようなシュンペーターの理論は、どうしても受け入れがたいという人もいるでしょう。

しかし、よく考えてみてください。

そもそも、**イノベーションとは、他の企業が新規に参入できない独占状態を作ること**ではないでしょうか。

なぜなら、画期的な新製品とは、他の企業が真似できないもののことです。それは、その新製品の市場に他の企業が参入するのが制限されている、つまり独占状態にあるということです。

そうだとすると、「完全競争」は、イノベーションのない世界だということになります。

つまり、**主流派経済学が理想とする「完全競争」は、イノベーションとは両立しないのです。**

実際、シュンペーターも、そう言っています。

しかしある新しい領域の場合には、これへの参加の完全な自由も、事実上その参加をまったく不可能ならしめるかもしれない。新生産方法および新商品の導入は、その出発点からして、ほとんど完全――そして完全に迅速な――競争とともには考ええないものである。しかもこのことは、われわれが経済進歩と呼んでいるものの大部分が完全競争とは両立しえないものであることを意味している。[67]

◆完全競争は非効率

さらにシュンペーターは、主流派経済学の市場均衡理論が想定する企業は、イノベーションには向かない上に、経済全体をかえって非効率化するものだとまで言い切っていま

す。

第一章で説明したように、完全競争によって市場が均衡する時、企業の純利潤はゼロになっています。つまり、完全競争にある企業は、投資を行なうための資金に乏しい状態なのです。

そんな中小零細企業が効率的であるわけがないし、また、景気が悪くなるなどのショックがあったら、あっという間に潰れてしまうでしょう。

> 完全競争と両立しうるタイプの企業は、多くの場合、内部経済的、ことに技術的能率において劣っている。そうだとすれば、その企業は機会を浪費していることになる。それはまた、生産方法を改良せんとする努力において資本を浪費するものであるともいえよう。なぜなれば、それは新しい可能性を引き出したり判断したりするのに、いっそう不利な地位にあるからである。しかしすでに見たごとく、完全競争的産業は、進歩ないしは外的攪乱の衝撃のもとでは、大企業に比してはるかに壊滅しやすい――そして不況の細菌をまき散らしやすい――ものである。[68]

◆誰が創造的破壊を行なうのか

以上のような論証によって、シュンペーターは、資本主義経済の原動力である「創造的破壊」の担い手は、戦略的に行動する大規模組織であるという結論に達しました。それは、主流派経済学を完膚なきまでに叩き潰すような議論でした。

かくして、近代的産業条件のもとでは、完全競争は不可能であるから――ないしはつねに不可能であったから――大規模組織または大規模支配単位は、経済進歩――その進歩たるや、生産装置に内在する諸力によって、いやでも応でも休むわけにはいかないものである――と不可分の必要悪として認められねばならぬ、と議論するだけでは十分ではない。われわれは進んで次のことを認めねばならぬ。すなわち、この戦略は、個々の場合や個々の時点をとってみれば、きわめて〔生産〕制限的にみえるのであるが、それにもかかわらず、否、相当程度まではこれによって大規模組織が経済進歩、とりわけ総生産量の長期的増大のもっとも強力なエンジンとなってきたということ、これである。この点について考えれば、完全競争はただに不可能であるばかりではなく、劣等なものであり、理想的能率のモデルとして設定さるべきなんらの資格をも有しないものである。[69]

◆シュンペーターを誤解した日本の改革

二〇〇一年六月、小泉純一郎政権の下で、「今後の経済財政運営及び経済社会の構造改革に関する基本方針」、いわゆる「骨太の方針」が初めて閣議決定されました。

この最初の「骨太の方針」は、小泉政権が進めようとする構造改革を宣言したものですが、その中で、「創造的破壊」という言葉を使ったことで知られています。

その該当箇所を抜粋しましょう。

グローバル化した時代における経済成長の源泉は、労働力人口ではなく、「知識／知恵」である。「知識／知恵」は、技術革新と「創造的破壊」を通して、効率性の低い部門から効率性や社会的ニーズの高い成長部門へヒトと資本を移動することにより、経済成長を生み出す。資源の移動は、「市場」と「競争」を通じて進んでいく。市場の障害物や成長を抑制するものを取り除く。（中略）「構造改革」は、こうした観点から、日本経済が本来持っている実力をさらに高め、その実力にふさわしい発展を遂げるためにとるべき道を示すものである。

なお、この「骨太の方針」は、冒頭に「概要」がつけられており、そこには「創造的破壊としての聖域なき構造改革は、その過程で痛みを伴うこともありますが、構造改革なくして真の景気回復、すなわち持続的成長はありません」と書かれています。

この「骨太の方針」の根底にある経済理論は、次のようなものだと考えられます。まず「効率性の低い部門から効率性や社会的ニーズの高い成長部門へヒトと資本を移動することにより、経済成長を生み出す。資源の移動は、『市場』と『競争』を通じて進んでいく」とあります。

これは、市場における自由競争が資源配分を効率化するという主流派経済学の市場均衡理論を念頭に置いているものと考えてよいでしょう。

実際、「骨太の方針」の案をとりまとめた経済財政諮問会議には二人の主流派経済学者が議員として参加していますし、当時の経済財政政策担当大臣は、新自由主義者（市場原理主義者）として知られる主流派経済学者の竹中平蔵氏でした。

また、「骨太の方針」は、市場と競争を通じた資源の移動を進めるため、市場の障害物を取り除くことを「構造改革」と呼んでいます。

さらに、「骨太の方針」の「概要」では、あらゆる競争制限を取り除き、市場による資源配分を機能させることを目指す「聖域なき構造改革」それ自体が、「創造的破壊」であるとうたっています。

もうお分かりだとは思いますが、二〇〇一年に閣議決定された「骨太の方針」における「創造的破壊」の意味は、シュンペーターが意図したものとは、まるで正反対のものだったのです。

シュンペーターは、「創造的破壊」という表現を通じて、主流派経済学の市場均衡理論を完全に否定しました。

ところが、二〇〇一年の「骨太の方針」は、市場原理主義（新自由主義）にのっとった構造改革、つまり、シュンペーターが否定した政策を、「創造的破壊」と呼んでいるのです。

もちろん、「『創造的破壊』という言葉の使い方がシュンペーターと違うというだけで、構造改革が間違いだと言うのは乱暴だ」という反論もあるかもしれません。

ですが、実際、その後の日本経済は、二十年にわたりほとんど成長せず、停滞し続けました。構造改革が失敗に終わったことは、明白です。

◆「シュンペーター・マークII」は時代遅れか

もっとも、新自由主義的な構造改革が失敗したからと言って、ただちに「経済発展のエンジンは、競争制限的な大企業組織である」というシュンペーターの理論が正しいということにはならないのかもしれません。

そもそもシュンペーターの『資本主義・社会主義・民主主義』は、今から八十年以上も前に書かれた書物です。そして、シュンペーターは、当時の資本主義の姿を見て、理論を構築しています。

しかし、現在の経済システムは、当時とは大きく違っているでしょう。そして、現代では、大企業よりも、スタートアップ企業の方が、イノベーションの担い手として期待されています。ですから、「シュンペーター・マークII」は、もはや時代遅れになっているの

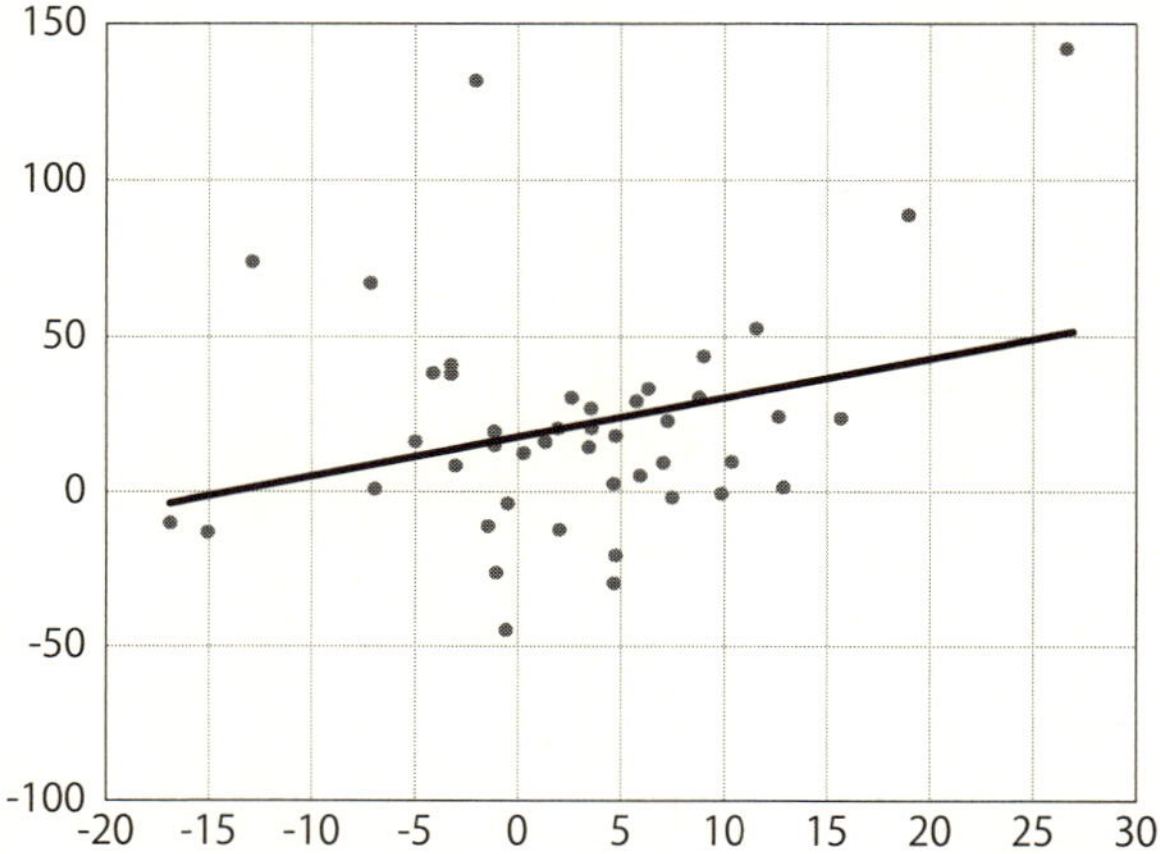

図7　各産業の上位４社のシェアの変化（横軸）と労働生産性の変化（縦軸）（2002年-2017年）

出典）H. Houalla, et al., 'The Great Revealing: Taking Competition in Ameria and Europe Seriously', 2023, Figure 6.

かもしれません。

実は、より大規模で、市場支配力がより強い企業の方がイノベーションを起こしやすいという、シュンペーターが提起した議論は、「シュンペーター仮説」と呼ばれ、研究者の間でも論争になってきました。

この論争に決着をつけるのは、私の手には負いかねるので、ここでは、シュンペーター仮説を支持するデータや研究をいくつか紹介するにとどめます。

まず、米国国立科学財団の二〇二一年のデータによれば、中小企業

（従業員数一〇－二四九）の場合、アメリカ全体の民間研究開発投資額に占める比率は九・八％であり、民間研究開発従事者に占める比率は一八％です。これが大企業（従業員数二五〇－二万四九九九）になると、民間研究開発投資額に占める比率は五二％、民間研究開発従事者に占める比率は五一％となり、また超大企業（従業員数二万五〇〇〇以上）の場合は、それぞれ三八％と三一％となります。[70] これらの数字を見る限り、イノベーションに対する貢献度合いは、中小企業よりも大企業の方がはるかに大きいと言えます。

実際、アメリカのノーベル賞受賞者を出した企業のほとんどが、AT&TやIBMといった大企業です。二〇二四年のノーベル賞においても、独占的巨大企業グーグルのAI開発部門に所属するデミス・ハサビスとジョン・ジャンパーが化学賞を、同社の元研究者ジェフリー・ヒントンが物理学賞を受賞しました。

さらに、シュンペーター仮説に関連する最近の実証研究の結果を二つ参照しておきましょう。

一つは、二〇二〇年にマサチューセッツ工科大学のデイヴィッド・オーターたちが発表した論文で、二〇〇〇年代初頭以降の中国からの安価な製品の輸入によって、アメリカ国内の競争が激化したことが、アメリカ企業のイノベーションに与えた影響を推計したものです。それによると、中国との競争が激化した産業では、アメリカ企業の特許の数が減少していることが認められました[71]。競争は、イノベーションを促進するのではなく、むしろ抑制する可能性があることが示された格好です。

もう一つは、二〇〇二年から二〇一七年にかけてのアメリカの企業についての実証研究[72]です。それによると、**独占度が進んだ産業セクターほど、労働生産性はより向上している**という結果となっています（図7）。

こうしたデータや研究結果を見る限り、「シュンペーター・マークII」は、必ずしも時代遅れとは言い切れないようです。

第五章

企業の成長戦略

◆企業戦略に着目したシュンペーター

シュンペーターの『資本主義・社会主義・民主主義』のエッセンスの一つは、企業の組織形態や企業戦略に分析の光を当てたことにあります。

それまでの市場均衡理論をベースとした経済学は、個人を「経済人」として扱ったのと同じように企業を扱っていました。そして、企業を物理学における原子のような単位として扱い、企業の内部の組織形態を分析しようとはしませんでした。しかも、企業は、どれも同じようなものとして扱われ、企業の間の組織形態や戦略の違いは無視されていました。

この点は、現在の主流派経済学でも、基本的には同じです。

これに対してシュンペーターは、**経済の動態やイノベーションを理解する上では、企業の組織形態やその戦略的な行動、そしてそれらの歴史的な変化を理解することこそが重要である**と考えました。

要するに、シュンペーターは、企業の理論を構築しようとしたのです。

したがって、シュンペーターの『資本主義・社会主義・民主主義』は、経営学や経営史研究の先駆けとも言えるでしょう。

実際、『資本主義・社会主義・民主主義』の初版が刊行されたのは一九四二年ですが、それ以降、シュンペーターのエッセンスを受け継ぐように、経営学や経営史研究が、特に戦後のアメリカを中心に、大きく発展しました。

その膨大な研究成果の中から有名な例を挙げれば、アルフレッド・D・チャンドラーの『組織は戦略に従う』（一九六二年）、『経営者の時代――アメリカ産業における近代企業の成立』（一九七七年）、『スケール・アンド・スコープ――経営力発展の国際比較』（一九九〇年）や、エディス・ペンローズの『企業成長の理論』（一九五九年）があります。

特に、ペンローズの『企業成長の理論』は、その後、ジェイ・B・バーニーらによって「資源ベース理論」として発展し、企業戦略論の分野における一大潮流を生み出しました。[73]

近年、企業戦略論においては、デイヴィッド・ティースによる「ダイナミック・ケイパビリティ理論」が注目されていますが、これもペンローズに端を発する「資源ベース理論」の影響を受けて発展したものです。[74]

そこで本章では、まず、シュンペーターを継承し、そして現代の企業戦略論のルーツの一つとなったペンローズの『企業成長の理論』（第三版）をひもときます。

また、第六章では、シュンペーターやペンローズを継承する研究者の一人であるウィリアム・ラゾニックによる最近の議論を追います。

それによって、シュンペーターの『資本主義・社会主義・民主主義』が、現代にも活きる古典であることが明らかになるでしょう。

◆ペンローズ『企業成長の理論』

ペンローズは、企業がいかにして成長するのかを探究しようとしました。

その探究の出発点として、まず「企業」とは何なのかを定義する必要があります。

ペンローズは、企業を「一つの管理組織体であると同時に生産資源の集合体[75]」あるいは「一つの管理枠組みのなかで組織化された資源のプール[76]」であると定義しました。

この企業の定義におけるキーワードは、**「資源」**です。

企業の「資源」とは、何でしょうか。

一つは、プラント、設備、土地、天然資源、原料、半製品、副産物、在庫などの物的資源です。

もう一つは、人的資源です。人的資源には、労働者に加えて、事務、管理、財務、法務、技術、経営に携わるスタッフも含まれます。[77]

こうした「資源」のうち、特に重要なものとしてペンローズが考えているのは、**企業の経営陣という人的資源**です。ペンローズは、経営陣が企業内の資源を活用することを**「経営者サービス」**と呼んで、重視しています。

結論を急げば、ペンローズは、経営陣が企業内の利用可能な資源をどこまで活用できるかによって、企業の成長が決まると考えているのです。

もっとも、企業の成長は、その企業を取り巻く環境によっても左右されるでしょう。例えば、市場が大きいという環境は企業の成長を促すけれど、市場が小さいという環境は企業の成長を制約するでしょう。

しかし、非常に興味深いことに、ペンローズは、企業が置かれた環境を、自分が直面している可能性あるいは限界について経営者が抱く**「イメージ」**として扱っています。

企業を取り巻く環境そのものよりは、その環境を経営者がどう「イメージ」するかが大事だというのです。なぜならば、そもそも、人間というものは、現実について抱く「イメージ」に基づいて、判断し、行動するものだからです。

また、ペンローズは、企業の活動の動機は、「長期の利益を増大させたいという願望」[78]であると想定しています。

企業は、長期の利益を増やすために、企業内の資源をベースに、外部の資源も取り入れ、それらを組み合わせて活動するということです。

◆企業者精神

このような企業の活動において重要になるのは、企業がその入手可能な資源を活用できる**「事業機会」**です。事業機会をどう見つけ出すかが、企業の成長のカギとなるわけです。

この事業機会を見つけ出すのが、「企業者」です。[79] ちなみに、ペンローズの言う「企業者」は、個人とは限らず、チームの場合もあります。[80]

事業機会を見つけようとする**「企業者精神」**が旺盛な企業は、成長する可能性がより高くなるでしょう。

そうだとするならば、「企業者精神」とは何かを探究することが、企業成長の理論を構築する上では欠かせないということになります。

「企業者精神」の要素として、ペンローズは四つ挙げています。**広い視野と洞察力（汎用性）**、**資金調達の才能**、**野心**、**そして判断の質**です。

ちなみに、このうちの「野心」については、よりよい製品を世に送り出したいという野心と、自分の帝国を建設したいという野心の二つがあります。ペンローズは、自分の理論において、後者の帝国建設の野心も考慮しはするものの、主眼は前者の製品志向の野心にあるとしています。

また、この四つの要素のうち、ペンローズが最も力を入れて分析しているのが、企業者の「判断の質」です。彼女は、「判断の質」は、「汎用性」「才能」「野心」とは異なり、企業者の個人的気質という側面は大きくないと言っています。

では、企業者は、「判断の質」、すなわち、事業機会を見つけるのに必要な高度な判断能力を、どのようにして獲得するのでしょうか。

これについては、ペンローズは、次のように論じました。

企業は、環境の中に事業機会を探そうとするが、その「環境」とは、企業者が抱く環境の「イメージ」に過ぎない。企業者は、事業機会を客観的に判断することはできず、主観的に判断しているだけである。つまり、リスクが高いとか、不確実性が高いといった事業機会の判断は、期待や自信によって大きく左右される。企業者は、事業機会のリスクや不確実性が高いと判断すれば、手は出さない。したがって、事業機会をつかみとるのに必要なのは、この事業をやれば成功する可能性が高いと確信すること、つまり**「自信」**である。

ペンローズは、このように考えたのです。

そうだとすると、次に検討すべきは、どうしたら、企業者は「自信」をもつのだろうかという論点です。

◆企業内の利用可能な資源が成長を決める

ペンローズは、企業者が「自信」をもつ上において必要なのは、次の二つだと述べました。

一つは、**「グループアクション」**です。

要するに、経営陣みんなが合意した事業計画であれば、自信をもって進められるだろうということです。企業内の経営陣という人的資源が、「判断の質」を高めるのだと言ってもよいでしょう。

そして、もう一つは、**「情報」**です。

企業者は、不確実性を削減するために、できるだけ多くの情報を収集し、綿密な事業計画を策定しようとします。そして、企業内により多くの利用可能な資源があれば、より多くの情報が集まり、企業者はより強く自信をもって、大胆に事業の拡張に乗り出すことができます。

いずれにしても、企業者が事業を拡張する上で必要な自信を生み出すのは、企業内の資源、とりわけ経営陣という人的資源からもたらされる**「経営者サービス」**だということです。

企業内部に人的資源が分厚く存在すれば、企業は事業をより拡張することができ、大きく成長します。特に、経験豊富な人的資源が重要です。知識や自信は、経験を積むことで獲得されるものだからです。

言い換えれば、経験豊富な人的資源がどれだけ存在するのかが、企業の成長の限界となります。

このように考えたペンローズは、企業の成長を決めるのは、リスクと不確実性に加えて、**企業内において利用可能な資源**であると結論しました。

もし企業内の資源がすべて使い尽くされると、企業の成長は、リスクと不確実性によって制限されるようになります。しかし、企業内に未活用の資源が残っているのであれば、その企業には成長の余地がまだあるということになるのです。

◆企業の成長に限界はない

企業の成長は、企業の内に存在する資源の利用可能性によって決まる。ペンローズはこのように考えました。

では、企業は、どこまで成長するものなのでしょうか。その成長に限界はあるのでしょうか。あるいは、企業の最適規模は、どれくらいなのでしょうか。

大規模な企業の組織運営は、小規模な企業よりも非効率であると考える人は少なくありません。確かに、大企業は図体がでかく、体が重そうにみえます。もし、企業が大規模化するほど非効率になるのだとしたら、それが企業の規模の限界になるのかもしれません。

ところが、ペンローズは、「企業者精神に富む企業は拡張への絶えざる誘因をもち、そうした企業の絶対的規模には（中略）限界はない[81]」と主張したのです。

彼女がどうして、そういう考えに至ったのか、見ていきましょう。

企業の成長の可能性について考える上で重要なのは、**「規模の経済性」**と**「成長の経済性」**の二つです[82]。

このうち、「規模の経済性」については、よく知られています。例えば、工場の規模を大きくして大量生産を行なえば、製品当たりのコストは低下します。購買や販売も、まとめて大量に行なえば、やはり単位コストは下がります。また、組織は、業務運営を分業化することで、より効率化します。もちろん、企業の大規模化によって、組織管理のコストも肥大化し、管理上の限界を迎えることもあり得るでしょう。しかし、こうした「規模の経済性」が働く限りは、企業は、その規模をより大きくすることができるし、した方がよいということになるのです。

この「規模の経済性」については、比較的、理解しやすいと思います。問題は、ペンローズの言う「成長の経済性」です。

耳慣れない用語ですが、「成長の経済性」とは、いったい、何なのでしょうか。

◆成長の経済性

ごく簡単に言えば、「成長の経済性」とは、企業が、その内部にある未活用の資源を活用することで得られる経済性のことです。

この「成長の経済性」は、企業の規模と関係する場合もあれば、しない場合もあります。どんな規模の企業であっても、「成長の経済性」は存在し得るとペンローズは言います。[83] 中小企業であっても、その内部に眠っている未活用の資源を活用することで、成長することができるのです。

ただし、「成長の経済性」は、未活用の資源を活用することで得られる経済性であるため、未活用だった資源が活用され尽くしてなくなると、「成長の経済性」も消えてなくなります。「成長の経済性」は、「本質的に一時的な経済性である[84]」とペンローズは指摘しています。

しかし、「成長の経済性」が持続する場合もあります。

例えば、企業が、新たな分野に進出したり、子会社、事業部、支店などを新たに立ち上げたりした時には、これまで利用しきれなかった資源を活用できるようになるので、「成長の経済性」が新たに生じるでしょう。[85]

あるいは、企業の人材が、新しい知識を増やしたり、経験を積んだりして、その能力を高めている場合、言わば、企業の内部から絶えず資源が生み出されているような場合には、未活用の資源が常に発生することになります。[86] このような企業は、「成長の経済性」を長く享受することができるでしょう。

◆中小企業の成長可能性

企業の成長は、企業内の資源をどれだけ利用できるかにかかっているというペンローズの理論は、一見すると、「中小企業は成長のチャンスに乏しい」という結論になるように受け取られるかもしれません。言うまでもなく、中小企業の内部の資源は、大企業よりもはるかに少ないからです。特に「規模の経済性」については、中小企業は大企業に比べてかなり劣っています。

しかし、ペンローズが示した「成長の経済性」という視点は、中小企業であっても成長できることを示唆《しさ》しています。経営者が有能であり、企業内の未活用資源を活用するのに長《た》けている場合は、特にそうです。

もちろん、中小企業は、企業内の資源の量が少ないので、大企業に比べて、いくつもの競争上のハンディキャップを背負っていることは言うまでもありません。

例えば、中小企業が資金面において、より制約されていることは明らかです。特に、金利の上昇は、内部資金に乏しく、借入れによる資金調達に頼らざるを得ない中小企業をより不利にするでしょう。

しかし、中小企業は、大企業よりも競争力が著しく弱いにもかかわらず、大企業に完全に駆逐されることなく、存在し続けています。

その理由はいくつかありますが、そのうち重要なものの一つに、**「大企業が手を出さないようなニッチな事業機会を中小企業がつかみとっているから」**ということが挙げられます。

特に、経済が成長していて、事業機会が次々と生まれているような中では、大企業がとりこぼす事業機会もあるでしょう。そうした事業機会を活用できれば、中小企業は成長できます。うまくやれば、大企業よりも速いスピードで成長できるでしょうし、大企業になることすらあるかもしれません。

このように、経済成長の中で、大企業がとりこぼした事業機会を、ペンローズは**「間《かん》隙《げき》」**と呼んでいます。

それゆえ、経済における拡張の機会が、大企業がそれらを活用できる以上の速さで増大し、かつ、大企業が小企業の参入を防ぐことができないとすれば、能力に恵まれた小企業が規模や数において成長・増大し続ける余地はあるだろうし、それらの一部はやがて自ら「大」企業のカテゴリーに入るだろう。

私は、小企業にとってのこのような機会を、経済における間隙と呼ぶことにしたい。小企業の事業機会は、したがって、小企業が見出しそれを活かせると確信していて、大企業からは放置されているこのような間隙からなる。かりに十分な数の小企業が彼らの見通しを十分に正しく判断し、それにしたがって行動するとすれば、経済の成長率は大企業の成長率をしのぐだろう。[87]

◆シュンペーターとの比較

この「成長の経済性」、そして中小企業の成長可能性に関する議論は、シュンペーターの理論にはなかったものです（ただし、第八章において述べますが、シュンペーターは中小企業という存在を重要視していました）。

とりわけ「シュンペーター・マークII」は、もっぱら、独占的な大企業の優位性を強調するもので、中小企業の成長可能性についての分析は、ほとんどありませんでした。ただし、シュンペーターが独占的な大企業が優位であると論じた理由は、大規模組織の方が不確実性を克服して、長期的な投資を行なうことができるからだというものでした。

その点についていては、ペンローズも同じです。ペンローズもまた、企業は、直面する不確実性を克服するために、企業内部の資源を活用するのだと論じました。そして、大規模な企業の方が企業内部の活用可能な資源が豊富なのであり、しかも、企業者が有能で企業内部の資源を巧みに利用し続ける限り、企業の拡張には際限がないと主張しました。

他方で、ペンローズは、独占的な大企業による競争制限が、中小企業の事業機会（間隙）を奪い、さらには、経済全体で資源の完全な利用が妨げられることで、経済成長が阻害される可能性について指摘しています。しかし、大企業の間で熾烈《しれつ》な競争が行なわれている場合には、そうでもないと述べています。

シュンペーターは、完全な「独占」というよりは、「独占的競争」について論じたのですが、ペンローズも、大企業間の競争が重要であると述べています。

ここで銘記すべきは、広く有益だと考えられている結果は競争に由来するもので、その競争とは確かに少数間のものであるが、それはどんな大企業でも経済を貪欲に食い物にして満足している独占者の役割を演じていられないほど、顕著で熾烈な競争だということである。[88]

ただし、繰り返しになりますが、競争制限的な大企業が経済成長に貢献し得るのは、あくまで、その少数の大企業が互いに激しく競争をしている限りにおいて、です。競争制限があまりに強すぎて、あるいは大企業の数が減りすぎて競争がなくなるような場合には、独占的な大企業による競争制限は正当化できない、とペンローズは強調しています。

◆景気と企業の成長

また、ペンローズは、不況時には大企業が優位になると考えています。

大企業は、資金など企業内部の資源が豊富なので、不況に対する耐性がより強いからです。確かに、不況になると、中小零細企業から倒産していきますが、それは企業内部の資源に乏しいからです。

逆に、好況時には、需要が急拡大して事業機会が増え、中小企業が狙える「間隙」が広がるので、中小企業に有利になります。

> したがって、不況によって大企業グループの地位は向上し、また、多くの小規模な企業がふるい落とされる可能性があるが、景気が上向いたとき、間隙が広がるにつれて拡張へと乗り出せる小規模・中規模の企業はなお数多く存在するだろう。
>
> 景気の上昇期は、とりわけそれがかなりの期間続くとすれば、特に中規模および小規模な企業にとって有利である。ある面で、彼らは急速に拡大するのに最大級の企業より恵まれた立場にある可能性がある。[89]

好況は中小企業にとって有利に働くが、不況は不利に働く。言われてみれば、当たり前のようですが、これをペンローズは、企業の成長は企業内部の資源によって決まるという理論によって裏付けたというわけです。

◆ペンローズは正しかったのか

今日の日本では、長い経済停滞を脱するためには、企業の開業率を高めて、スタートアップ企業が次々と登場してくるようにすべきだという考え方が、もはや常識となっています。

しかし、先ほどのペンローズの理論が正しいとすると、この考え方は、はなはだ疑わしいということになってしまいます。

なぜなら、ペンローズの理論によれば、内部資源に乏しいスタートアップ企業が増えるのは、事業機会が増え、狙える「間隙」が広がっている時、すなわち経済が成長している時だということになるからです。

つまり、**経済が成長しているから、スタートアップ企業が増えるのであって、その逆ではない**ということになります。開業率が低いから経済が停滞しているのではなく、経済が停滞しているから開業率が低いのです。

要するに、スタートアップ企業を増やそうという成長戦略は、スタートアップ企業と経済成長の因果関係を逆に取り違えているということです。

そうだとすると、経済が停滞している時に、いくらスタートアップ企業を支援したところで、経済は成長しないし、スタートアップ企業も増えないということになるでしょう。

もちろん、ペンローズの理論が間違っているという可能性も否定はできません。

特に、ペンローズが『企業成長の理論』を書いたのは一九五〇年代末のことであり、現在の産業構造は、当時とは大きく異なっています。

例えば、当時は、産業の主力は、鉄鋼業や石油化学産業、あるいは自動車産業など、大規模な製造業でした。しかし、現在は、一九九〇年代後半のＩＴ革命を経て、情報通信産業が中心的な産業となっています。

したがって、ペンローズの理論がそのまま今日にも当てはまるとは限りません。例えば、スタートアップ企業の支援は、六十五年前とは違って、今日では、有力な成長戦略の一つになったのかもしれないのです。

ほかならぬペンローズ自身が、一九九五年の『企業成長の理論』（第三版）の序文の中で、大企業の経営者たちは株主の利益のためではなく、企業の長期的な利益のために、組織を運営するという仮定を置いていたが、その仮定は一九五〇年代においては正しかったが、現在では、その仮定はもはや通用しなくなったと述べています。

今日の大企業の経営者たちは、かつてのように、企業の長期的な成長を目指すよりも、自分たちの金銭的な報酬に関心を向けるようになってしまっているのです。この変化は、**「経営者資本主義」から「株主資本主義」への変化**とも言われます。

そして、この株主資本主義への変化を詳細に明らかにした研究者として、ペンローズは、ウィリアム・ラゾニックの名前を挙げています。[90]

ラゾニックは、シュンペーターやペンローズの遺産を受け継いで、「革新的企業の理論」を構築した企業組織論の権威です。

ラゾニックは、二〇一〇年にシュンペーター賞を受賞し、二〇一四年にはマッキンゼー賞を受賞するなど、その業績は非常に高く評価されています。

それでは、次の第六章では、ラゾニックの「革新的企業の理論」を学ぶことにしましょう。

第六章

どんな企業がイノベーションを起こすのか

◆革新的企業の理論

シュンペーターの遺産を継ぐ経済学者ウィリアム・ラゾニックの「革新的企業の理論」について、彼がヤン‐ソプ・シンと共同で執筆した二〇一九年の著作『略奪される企業価値』（東洋経済新報社）に基づいて、解説しましょう。

シュンペーターは、主流派経済学の市場均衡理論が非現実的であり、企業の組織形態や戦略的行動を考慮に入れず、イノベーションや経済発展を説明できないことを批判しました。ラゾニックは、この主流派経済学に対するシュンペーターの批判が依然として通用すると指摘しています。

主流派経済学が理想視する「完全競争」は、非常に小規模で、同じような企業が無数に存在する状態を想定しています。このような企業の生産性は非常に低いものとなるはずですが、どういうわけか、主流派経済学は、そんな状態の経済が最も効率的であるという意味不明な主張をしているのです。

これに対して、ラゾニックは、より現実的なアプローチにのっとって、イノベーションを行なう企業の理論である「革新的企業の理論」を構想しました。

それは、要約すれば、次のような理論です。

まず、イノベーションのプロセスは、次の三つの特徴があり、それぞれの特徴から、企業に必要な行動が導かれます。

第一に、イノベーションは、結果が確実に分からない**「不確実」**なものです。したがって、企業は、イノベーションを行なうにあたっては、何にどれだけの資源を投入するかに関する**「戦略的管理」**を必要とします。

「戦略的管理」とは、企業の意志決定者が、イノベーティブな投資戦略に資源を配分する動機と能力をもっているということです。

第二に、イノベーションは、一人で行なうものではなく、様々な人たちが同じ目標を目指して協力する**「集団的」**なものです。このため、イノベーションには**「組織的統合」**が必要になります。

「組織的統合」とは、異なる地位や職能の従業員が協力し、その能力を発揮するようにするため、仕事のやりがい、昇進、給与、福利厚生、経営参加などの報酬を与えて動機づけることです。

第三に、イノベーションは、日々の努力と学習の積み重ねの上に実を結ぶものであるという意味で「累積的」なものです。累積的な学習を長期にわたって維持するには**「資金調達コミットメント」**が必要になります。

「資金調達コミットメント」とは、長期にわたる投資を忍耐強く行なう保証があるということです。

というわけで、イノベーションを生み出す「革新的企業」の条件は、**「戦略的管理」「組織的統合」「資金調達コミットメント」**だということになります。

◆革新的企業を生み出す社会的条件

さらにラゾニックは、革新的企業を理解するためには、企業が置かれている**社会的条件**、とりわけ**国の制度的環境**にも目を向けなければならないと考えています。

イノベーションは、それを生み出す企業の戦略や組織に加えて、その企業を取り巻く産業部門や経済制度と深い関係にあります。**イノベーションは、企業、産業部門、経済制度**

から影響を受けるとともに、これらに影響を与えて変化させるという相互作用があるのです。

企業は、同じ国では同じような特徴を示し、同じ産業部門でも国ごとに違う特徴を示します。例えば、同じ製造業でも、アメリカの企業、ドイツの企業、日本の企業とでは、戦略や組織が異なっています。これは、企業の「戦略的管理」「組織的統合」「資金調達コミットメント」が、その国の制度的環境の影響を深く受けているからです。

このため、「革新的企業の理論」は、企業を取り巻く制度的環境や社会的条件も考察に含めなければなりません。

革新的企業の組織や戦略に影響を与える社会的条件のうち、特に注目すべきは、ガバナンス、雇用、投資に関する制度だとラゾニックは言っています。

ガバナンスの制度は、社会が、生産資源の配分に関する権利と責任をどのように割り当てるのかを決定するものです。

雇用の制度は、社会が、労働者の雇用水準、労働条件、報酬、能力開発のあり方を決定するものです。

投資の制度は、社会が、その生産能力の開発のために継続的に資金を供給する方法を決定するものです。

こうしたガバナンス、雇用、投資の制度をはじめとする社会的条件を決定し、変更するのは、**政府の政策**です。

こうしたことから、「革新的企業の理論」は、企業の組織形態や戦略のみならず、企業を取り巻く社会的条件、とりわけ**政府の政策**にまで範囲を広げて、分析をします。

この点も、「革新的企業の理論」が主流派経済学と大きく異なるところです。

主流派経済学の市場均衡理論は、企業が置かれている社会的条件を考慮していないし、特に政府の役割を軽視しています。市場均衡理論は、国や時代の違いを超えて、普遍的に当てはまる理論モデルを目指しているのです。

主流派経済学者の一部には、国ごとに異なる社会的条件や政府の役割を考慮した理論モデルを構築しようという動きもあるようですが、それも十分なものとは言えません。主流派経済学者が好むような、抽象的な概念や数式で満たされた理論モデルでは、社会的条件や制度的環境といったものを正確に表現することは難しいからです。

イノベーションを理解するためには、企業の組織や戦略を分析するだけでは足りない。社会的制度や政府の政策にまで考察を巡らさなければならない。

そう考えるのは、ラゾニックに限りません。シュンペーターの流れを汲《く》み、イノベーションを研究する学者たちの多くは、同じように考えています。

◆「内部留保と再投資」と「終身雇用」

一九九五年、ペンローズは『企業成長の理論』（第三版）の序文の中で、ラゾニックの研究を参照しつつ、アメリカの企業経営は、一九五〇年代と一九九〇年代とでは、性格が大きく異なっていると述べました。

そのアメリカの企業経営の変遷を、ラゾニックは、次のように描いています。

一九六〇年代頃まで、アメリカの企業組織では、組織能力を向上するために**「内部留保と再投資」**を行なう戦略的管理が行なわれており、それによって価値が創造されていました。また、当時のアメリカの企業には**「終身雇用」**の慣行があり、労働者は安定的な雇用を享受していました。

「内部留保と再投資」そして「終身雇用」は、日本的経営の特徴であるかのように言われています。しかし、**実は一九六〇年代頃までは、アメリカの企業経営も同じようなものだったのです。**

そして、**この「内部留保と再投資」と「終身雇用」の企業こそが、ペンローズが『企業成長の理論』において想定していた企業経営の姿でした。**

しかも、この時期は、アメリカの資本主義の黄金時代と言われ、高成長と格差の縮小を同時に達成していました。

この一九五〇年代から六〇年代にかけてのアメリカの企業経営を特徴づける「内部留保と再投資」および「終身雇用」は、「革新的企業の理論」に照らせば、次のようになります。

「戦略的管理」について言えば、当時のアメリカ企業の経営者たちの動機は、企業の長期的な利益を拡大することにあり、長期的利益のために資源を配分していました。

「組織的統合」としては、終身雇用によって、従業員の雇用の長期的な安定を確保し、従業員が累積的に学習し、時間をかけて能力を高めるのを可能にしていました。

「資金調達コミットメント」については、収益を内部留保として維持し、それを株主への配当ではなく、再投資へと回したので、長期的で戦略的な投資が可能となりました。

一九五〇年代から六〇年代にかけてのアメリカの企業経営は、まさにラゾニックの「革新的企業の理論」を体現していたのです。

そして、言うまでもなく、**かつての日本的経営も「革新的企業の理論」にのっとったものだったのです。**

◆アメリカ企業を変質させた主流派経済学

ところが、そのアメリカの革新的企業経営が、次第に変質していきました。

まず、一九六〇年代に起きた株式市場のバブルが一九七〇年に崩壊しました。すると、金融市場からの圧力もあって、企業分割がブームとなりました。

さらに、一九八〇年代には、企業を分割して売り飛ばし、利益を抜き取る敵対的買収が盛んとなっていきました。そして、分割した企業をばらばらにして高く売り飛ばすため、労働者を解雇して人件費を削減し、株価や配当を吊り上げるといったことが行なわれるようになったのです。

その結果、企業組織の行動原理は、かつての**「内部留保と再投資」と「終身雇用」から、「削減と分配」へと変化した**とラゾニックは論じています。

これは、「経営者資本主義」から「株主資本主義」への変質とも言い換えられます。「内部留保と再投資」と「終身雇用」は「経営者資本主義」の行動原理であり、**「削減と分配」は「株主資本主義」の論理**なのです。


この「内部留保と再投資」「終身雇用」から「削減と分配」への転換を正当化したのが、一九八〇年代に台頭した「株主価値最大化」というイデオロギーでした。

そして、この「株主価値最大化」のイデオロギーのベースにあったのは、主流派経済学の市場均衡理論にほかなりません。


改めて確認すると、主流派経済学の市場均衡理論とは、資源を効率的に配分する市場原理を前提とする理論です。この理論からすれば、「市場」ではなく「組織」により資源を配分する企業は、「市場」よりも非効率な存在に過ぎないものとみなされます。

資源配分は、企業組織の「内部留保と再投資」ではなく、株式市場に委ねるべきである。そうすれば、株価は、価格メカニズムを通じて、企業の価値を正確に反映し、株式の売買を通じて資源の効率配分が達成し得るであろう。労働も金融も市場に委ねれば、資本も労働も市場原理によって、最も効率的に配分されるはずである。

このような主流派経済学の市場理論によって、「株主価値最大化」と「削減と分配」が正当化されたのです。

◆「削減と分配」

この「削減と分配」を、「革新的企業の理論」によって解釈するならば、次のようになります。

「革新的企業の理論」は、「戦略的管理」「組織的統合」「資金調達コミットメント」の三つから成り立っています。

「戦略的管理」について言えば、アメリカ企業の経営者たちは、報酬の一部を自社株で受け取るストック・オプションによって自分の報酬を増やすという動機に基づき、莫大な資金を自社株買いに費やして自社の株価を吊り上げるようになりました。自社株買いに回った分だけ、戦略的投資への資金配分は減少します。

「組織的統合」に関して言えば、アメリカの企業経営者たちは、株主への利益配分を増やすため、労働者を削減し、賃金上昇を抑制しました。このため、労働者たちの累積的学習の機会が失われ、彼らの能力は低下しました。

「資金調達コミットメント」について言えば、自社株買いの横行や株主への利益配分の増加のため、内部留保が取り崩されるようになり、長期的な投資のための資金源が失われました。

このように、「内部留保と再投資」および「終身雇用」から「削減と分配」への転換は、ラゾニックの「革新的企業の理論」にことごとく反するものだったのです。

◆企業価値を略奪する株式市場

「株主資本主義」へと性格を変えてしまったのは、企業だけではありません。

非常に重要な点ですが、株式市場の機能も変わってしまったとラゾニックは指摘しています。

そもそも、株式市場の機能に関して、世間一般に誤解があるとラゾニックは述べています。

株式市場とは、企業が生産能力への投資に利用する資金を調達する場だと信じられています。しかし、これが間違いだとラゾニックは言うのです。

ラゾニックが参照しているデータによれば、一九七〇年から八五年の間、総投資額に対する株式市場から調達した資金の占める割合は、イギリスでマイナス三％、アメリカでマイナス九％、ドイツで一％、フランスで六％、日本で五％でした。

イギリスとアメリカの数値がマイナスになっているのは、企業の方が株式市場に資金を供給したということを示しています。その他の国々では、株式市場が企業に資金を供給していますが、それはわずかに過ぎません。

◆株式市場の五つの機能

それでは、株式市場は何のためにある制度だというのでしょうか。

ラゾニックは、株式市場には、「支配」「資金」「設立」「結合」「報酬」の五つの機能があると論じています。

それぞれの機能が、「株主資本主義」の下で、どう働いているのかを見ていきましょう。

①支配

株式の上場によって、企業の「所有」と「経営」が分離します。企業の所有者は株主ですが、企業の資源配分を決定するのは経営者です。

所有と経営が分離することによって、経営者は、経営のプロとしての立場から、企業の長期的利益のために資源を配分することができるようになりました。

しかし、「株主資本主義」の下では、経営者がその経営の支配権を悪用して、企業が創造した価値を奪って自分の個人的利益を増やしています。

②資金

株式市場は、確かに、企業が価値を創造するための投資に必要な資金の源泉となり得ます。

しかし、「株主資本主義」の下では、株主が配当を強く要求したり、自社株買いが横行したりするので、資金はむしろ企業から流出することになっています。

③ 設立

株式市場への上場の見込みがあることは、ベンチャー・キャピタルが新規企業を設立するインセンティブになるでしょう。

しかし、「株主資本主義」の下では、NASDAQ（アメリカの新規企業向けの株式市場）は、非常に投機的な株式市場となっており、実際に価値を生み出さない新規企業であっても、その株価の上昇によって投資家が利益を得られるようになっています。

④ 結合

株式市場は、M&A取引の場となって、企業同士を結合させる機能があります。買収による企業の結合が、価値を創造する生産能力を強化する場合もあるでしょう。

しかし、「株主資本主義」の下では、M&Aは、株主や経営者の個人的利益を増やす目的で行なわれがちです。

⑤ 報酬

株式市場に上場すると、企業の株式をストック・オプションとして従業員の報酬の一部にすることができます。企業の株価がイノベーションによって上昇するならば、ストック・オプションは、イノベーションを起こした従業員たちへの報酬になるのかもしれません。

しかし、企業の株価は投機や相場操縦といった要因で上下しがちであり、そうした場合には、ストック・オプションはイノベーションへの報酬にはなりません。それどころか、イノベーションに必要な従業員への安定的な報酬を損なう可能性すらあります。

にもかかわらず、「株主資本主義」の下では、このストック・オプションが広まっています。

このように、「株主資本主義」における株式市場の機能は、「企業が価値を創造するための資金を調達する場」ではなく、むしろ、**「企業が創造した価値を投資家たちが抜き取って山分けする場」**と化しているのです。

よく「株式市場を活性化させよう」という提言がなされます。

しかし、株式市場の機能が企業が創造した価値を収奪して分配することにあるのだとしたら、株式市場を活性化させたところで、イノベーションが促進されることはないでしょう。

それどころか、**活性化した株式市場は、革新的企業を破壊し、イノベーションを阻害するものとなる**のです。

◆「株主価値最大化」が進むアメリカ社会

「削減と分配」への転換を支えた「株主価値最大化」のイデオロギーは、一九八〇年代以降、ビジネススクールを通じて、経営者たちに蔓延《まんえん》していきました。そして、このイデオロギーに基づく制度改革が行なわれることとなりました。

その制度改革は多岐にわたりますが、ラゾニックが挙げているアメリカの事例のうちから、主なものを列記すれば、次のとおりです。

一九八二年、アメリカの証券取引委員会（SEC）は規則10b-18を制定し、自社株買いを容易にしました。これは、自社株買いによって株価を吊り上げ、ストック・オプションを通じて自らの報酬を増やすという動機を強めるように働きました。

自社株買いの規制緩和は、経営者の経営目的を「株主価値最大化」へと振り向ける強力な制度となったのです。

一九七八年から七九年にかけて、キャピタルゲイン税の最高税率が四九％から二八％へと引き下げられました。一九八一年には、さらに二〇％まで引き下げられたのです。法人税の減税も、二〇〇一年、二〇〇三年、二〇一八年に実施されました。

一九七九年に、従業員退職所得保障法（ＥＲＩＳＡ法）が改変されました。

この法律は、それまで年金基金の運用者に対して、「プルーデントマン」ルールという受託者義務に違反した場合には個人的責任を負うように定めていました。ところが、一九七九年にその義務が緩められたため、投機的な投資が可能となったのです。

その結果、巨額の年金基金からの資金がシリコンバレーのベンチャー・キャピタルへと流れ込みました。さらに、このシリコンバレー式のベンチャー・キャピタル・モデルは、一九九〇年代には全米に広がり、株式市場は投機化を促しました。それが、一九九〇年代後半のいわゆる「ＩＴバブル」を生み出したのです。

さらに、一九八〇年代以降、「コーポレート・ガバナンス」改革の名の下に、株主利益を最大化すべく、機関投資家の企業に対する支配力を高める制度改変が行なわれました。中でも、公的年金基金は、このコーポレート・ガバナンス改革の最も熱心な実践者であり、投資先企業が採用すべき「最良のコーポレート・ガバナンス実務」の指針を策定しました。

とりわけ、公的年金基金のリーダー的存在であったカリフォルニア州職員退職年金基金は、株式への投資を拡大したり、機関投資家アクティビストが標的を特定しやすくするために「業績不振」企業リストの策定を主導したりしました。一九八五年には、議決権行使助言サービスを行なうＩＳＳ（インスティテューショナル・シェアホルダー・サービシーズ）が設立されました。

一九八〇年代には、企業における確定給付型年金から確定拠出型年金への移行も進展しました。

確定拠出型年金では、従業員は自己責任で年金を運用することになります。これにより、企業は従業員の年金に関する責任から解放され、リストラによる人件費の削減がいっそう容易になったのです。

こうした流れの中から、企業に「削減と配分」を迫り、企業の価値を略奪するアクティヴィスト・ヘッジファンドが台頭しました。ヘッジファンドは、一九九六年の国内証券市場改革法（NSMIA）による金融市場の自由化によって、爆発的に増えました。

この過去四十年間に及ぶ改革の結果、アメリカの企業では、一九八〇年代以降、生産性の伸びは鈍化しました。もっと悲しいことに、賃金はほとんど伸びなくなり、所得格差は甚《はなは》だしいものとなってしまいました（図8）。

ラゾニックは、過去四十年の間に、**アメリカの企業組織は、「価値を創造して利益を生み出す」組織から、「価値を抜き取ることで利益を生み出す」組織へと変貌してしまった**と論じています。

そして、**この「経営者資本主義」から「株主資本主義」への変貌を促進したのが、「株主価値最大化」というイデオロギーであり、その基礎にある主流派経済学の市場均衡理論なのです。**

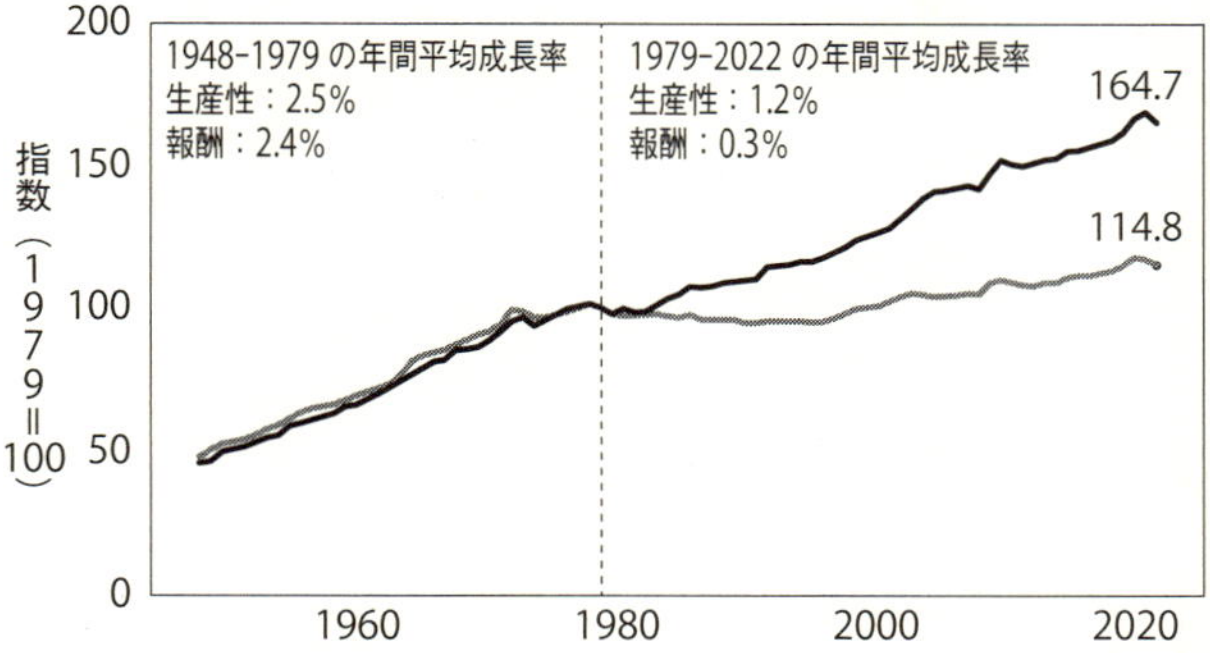

図8　生産性と一般的な労働者の報酬とのギャップは、1979年以来劇的に拡大――生産性の伸長と時間当たり報酬の増加

注釈：データは民間部門の生産労働者／非監督労働者の報酬（賃金および福利厚生）と全経済の純生産性に関するものです。「純生産性」とは、減価償却を差し引いた労働時間当たりの財およびサービスの生産量の成長を指します。

データソース：労働統計局（BLS）の労働生産性およびコストプログラムからの未公開の全経済生産性データ、BLSの現雇用統計からの賃金データ、BLSの雇用コストトレンド、BLSの消費者物価指数、および経済分析局（BEA）の国民所得および生産勘定に基づくEPIの分析

出典：Economic Policy Institute, Updated August 2024
https://www.epi.org/productivity-pay-gap/

◆開業率が半減したアメリカ

こうして、アメリカの経済システムは、ペンローズが『企業成長の理論』で想定していた「経営者資本主義」から「株主資本主義」へと姿を変えてしまいました。

しかし、ＥＲＩＳＡ法の改変により、年金基金から巨額の資金がシリコンバレーのベンチャー・キャピタルへと流れ込むようになりました。これによって、スタートアップ企業がたくさん生まれるようになったということは、ないのでしょうか。

それが、データを確認すると、その逆のことが起きたと言わざるを得ません。

図9を見てください。この図は、一九七七年から二〇二〇年までのアメリカにおいて、その年に創業したスタートアップ企業のシェア、要するに開業率です。

これを見ると、アメリカの開業率は、この約四十年の間、ほぼ低下傾向にあり、二〇一〇年以降の開業率は、一九七七年の半分ほどしかありません。しかもＩＴ革命によって、たくさんのスタートアップ企業が生まれたと信じられている一九九〇年代後半ですら、その開業率は一九七七年の水準にははるかに及んでいないのです。

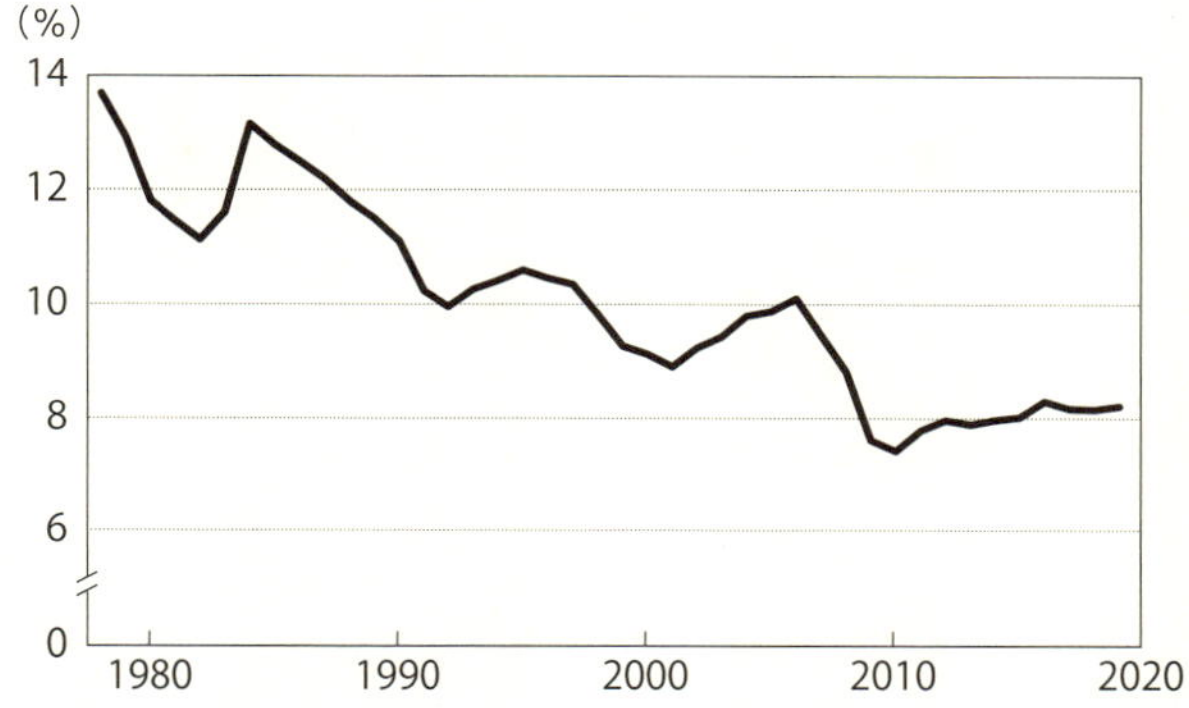

図9　アメリカにおけるスタートアップ企業のシェア
(スタートアップ：当該年に設立された会社)
出典：米国勢調査局「ＢＤＳデータ」
https://www2.census.gov/programs-surveys/bds/tables/time-series/bds2019_fa.csv

この図9から言えるのは、**一九八〇年代以降、「経営者資本主義」を捨てて「株主資本主義」となったことで、スタートアップ企業はむしろ生まれにくくなっている**ということです。

なお、図9の開業率の上下を追っていくと、一九八〇年半ばまでの好景気、住宅バブルが始まってしばらくたった二〇〇三年からバブル崩壊までの二〇〇六年の間など、好景気の時には、開業率が上昇していることが分かります。逆に、バブル崩壊後は、開業率が急落しています。そして、「長期停滞」と言われた二〇一〇年代は、開業率が低迷しています。

これは、景気のよい時には開業率が上がるという因果関係であって、その逆と解釈するのは無理というものでしょう。例えば、二〇〇八年の世界金融危機（リーマンショック）の原因は、住宅バブルの崩壊であって、スタートアップ企業の開業率が激減したからではないのは、明らかです。

そうだとすると、内部資源に乏しいスタートアップ企業が増えるのは、経済成長によって事業機会が増大している時だというペンローズの理論が正しかったと言えるでしょう。

◆起業家幻想

アメリカと言えば、起業家大国だというイメージがあります。ところが、そもそも、そのイメージ自体が疑わしいのです。

図10は、五〇か国における総合起業活動指数（TEA）を示したものです。TEAは、起業を準備中の人と起業後、三年半未満の人の成人人口に占める割合を示すものです。

これによると、中南米諸国の多くはアメリカよりも起業家の比率が高く、特にチリとエクアドルの起業家の比率は、アメリカの二倍ほどにもなっています。アメリカではなく、

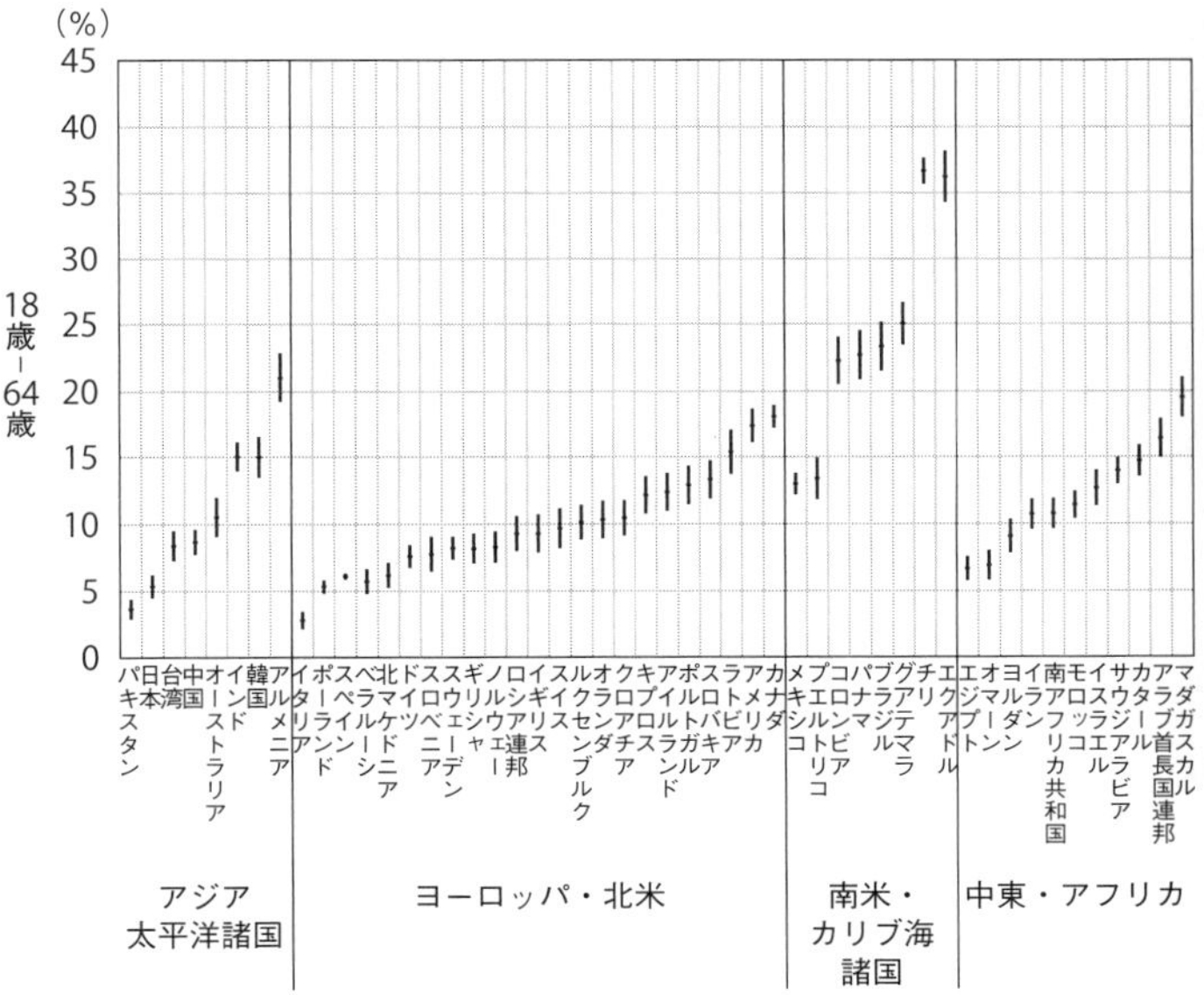

図10　総合起業活動指数（Total Early-Stage Entrepreneurial Activity: TEA）

データソース：グローバル・アントレプレナーシップ・モニター「一般成人調査2019」

出典：https://www.babson.edu/media/babson/assets/global-entrepreneurship-monitor/2019-2020-GEM-Global-Report.pdf

チリやエクアドルこそが起業家大国なのです。

しかし、チリやエクアドルから、アメリカをしのぐイノベーションが起きているとは考えられません。

スタートアップ企業を研究するスコット・A・シェーンは、二〇〇八年に発表した『〈起業〉という幻想』（白水社）において、丹念な調査によって、アメリカのスタートアップ企業の実態を明らかにしました。

シェーンもまた、アメリカの開業率が低下していること、そしてアメリカが起業家大国とは言えないことに加え、データに基づいて、次のような指摘をしています。

・起業は、ハイテク産業よりも、建設業や小売業といった平凡な業種の方が多い。そうした業種が選ばれる主な理由は、起業家自身がよく知っている業種だからだとか、そこでビジネスを始めることが容易だから、というものである。
・起業の可能性が高いのは、失業者、パートタイムで働いている人、頻繁に転職する人、給料が少ない人である。
・起業家になる可能性が高いのは、若者ではなく、中年である。
・典型的なスタートアップ企業とは、革新的ではなく、大半が人を雇っておらず、収入はわずかで、成長を目指してもいない。
・七年以上続いたスタートアップ企業は、全体の三分の一程度しかない。
・開業率と経済成長の相関関係から、スタートアップ企業の多さが経済成長をもたらすという因果関係を推論することはできない。また、開業率が高く、高い経済成長を記録している国は、何らかの要因が、高い開業率と高い経済成長の両方をもたらしているという可能性がある。

もちろん、スタートアップ企業の中には、急成長を遂げた革新的な企業もあるでしょう。また、起業家の中には、スティーブ・ジョブズやイーロン・マスクのような、「シュンペーター・マークI」を体現するような「企業者」、すなわち精力的な「行動の人」もいるのでしょう。

しかし、それらは目立ってはいるものの、ごく少数の例外に過ぎません。**一般的なスタートアップ企業というものは、シェーンが描いたような、なんとも冴えない零細事業者だというのが実態なのです。**

要するに、現実の起業家が、シュンペーターの言う「企業者」であるとは限らないということです。というか、ほとんどの起業家は、そうではありません。

興味深いことに、このスタートアップ企業の実態は、ペンローズの資源ベースのアプローチによって理解することができます。

スタートアップ企業の三分の二が七年未満で倒産するというのは、ペンローズの理論に従えば、内部資源が乏しいからでしょう。参入が容易な業種での起業が多いのも、同じ理由によるのでしょう。

開業率と経済成長の関係については、ペンローズの理論は、経済成長が開業率を高めるという因果関係の可能性を示唆しており、その逆の因果関係を否定しています。

また、ペンローズは、不確実性に直面しつつ事業を行なうのには自信をもつことが大事であり、自信を裏付けるのは豊富な経験であると論じていました。起業家がよく知っている業種で起業することを選ぶ傾向にあったり、起業家に中年が多かったりするのは、経験が重要な役割を果たすからでしょう。

ちなみに、最近、創業後五年の成長率において上位〇・一％に入る超優良スタートアップ企業について、その創業者の平均年齢を見ると、四十五歳であったという研究が出ています。その研究も、「この発見は、起業家の主要な資源（人的資本、金融資本、社会資本など）は、年齢と共に蓄積されるという理論と整合的である」[91]と結論しています。

◆あるべきスタートアップ支援策

スタートアップ企業の実態を明らかにしたシェーンは、当然のことながら、開業率を高めることを目指すなどという成長戦略は、馬鹿げていると主張しています。

一般的なスタートアップ企業は非効率であり、雇用もたいして生まないので、スタートアップ企業への支援策は、むしろ非効率な資源配分を助長することになってしまうからです。

ただし、シェーンは、スタートアップ企業を一切支援するなと言っているのではありません。成長著しいハイテク・スタートアップ企業というものも、少数ですが存在します。シェーンは、そういう優れたスタートアップ企業に的を絞って支援すべきだと主張しているのです。スタートアップ企業だから支援するのではなく、成長が見込める優れた企業だから支援すべきだということです。

また、ペンローズの理論によれば、中小企業は、大企業が手を出さない事業機会の「間隙」をとらえ、事業化します。そういう中小企業が増えて、未活用の資源が活用されることが多くなれば、経済はさらに大きく成長するでしょう。

加えて、ペンローズが論じたように、企業は、事業を継続することによって経験を蓄積し、内部資源を生み出します。しかし、不況になると、中小企業は倒産しやすくなります。倒産すると、中小企業の累積的な学習の機会が途絶してしまいます。そうなると、仮に景気が好転して、ニッチな事業機会が増えても、それをつかまえる能力のある中小企業がいなくなっているかもしれません。

したがって、政府は、不況期、特にシュンペーターの言う異常な不況の時には、スタートアップ企業をはじめとする中小企業が事業を継続できるように、保護すべきだということになります。

さらに言えば、経済成長が事業機会の「間隙」を作るのですから、**不況を早期に克服するマクロ経済政策こそが、スタートアップ企業に対する最も効果的な支援策**だということになるでしょう。

◆アメリカの失敗を模倣した日本

さて、もう一度、ラゾニックの議論に戻りましょう。

彼が明らかにしたように、アメリカは、一九八〇年頃より行なわれた一連の制度改変により、「経営者資本主義」から「株主資本主義」へと転換しました。

その結果、アメリカの企業組織は、「価値を創造して利益を生み出す」組織から、「価値を抜き取ることで利益を生み出す」組織へと変わってしまいました。

アメリカの企業は、ラゾニックが理論化した「革新的企業」ではなくなってしまったのです。


ところが、このアメリカの株主資本主義化を手本にして、改革を推し進めた国がありま す。日本です。

過去三十年の間の日本における改革を、振り返ってみましょう。それは、先述のアメリカの制度改革の変遷と、そっくり同じ道をたどっています。


まず、一九九七年の改正商法によってストック・オプション制度が導入されました。さらに、二〇〇一年に成立した改正商法で新株予約権制度が導入されたことで、ストック・オプションの普及が促進されました。この二〇〇一年の改正商法では、自社株買いについて目的を限定せずに取得・保有することも可能とされました。

二〇〇二年に成立した改正商法では、取締役会の決定で自社株買いが機動的にできるようにする規制緩和が行なわれました。この改正商法では、アメリカ的な社外取締役制度が導入され、外資による日本企業の買収が容易になりました。二〇〇五年には会社法が制定され、株式交換が外資に解禁されました。

金融市場の自由化やグローバル化も押し進められました。一九九八年には「金融システム改革法」が成立し、数々の規制緩和が実行されました。

特に、小泉純一郎政権は、あの「創造的破壊」をうたった二〇〇一年の「骨太の方針」において、「預貯金中心の貯蓄優遇から株式投資などの投資優遇へ」と宣言し、さらなる金融市場の規制緩和を進めました。二〇〇三年には、個人投資家の株式と株式投資信託の売却益や配当に対する税率を、二〇%から一〇%へと引き下げる証券優遇税制を実施しました。

その結果、日本の証券市場における外国人株主の比率は、一九九〇年代前半まではせいぜい一割程度であったものが、二〇〇六年には三割程度にまで急増しました。

一九九九年には、労働者派遣事業が製造業などを除いて原則自由化され、二〇〇四年には製造業への労働者派遣も解禁されました。これにより、労働者の賃金は上昇しにくくなりました。

二〇〇一年には確定拠出年金制度が導入され、従業員の年金に関する企業の責任は軽減されました。

こうした中、日本企業は、かつて「日本的経営」の特徴とされた終身雇用を放棄するようになっていきました。

このように、**一九九〇年代から二〇〇〇年代にかけての日本は、一九八〇年代以降のアメリカの「コーポレート・ガバナンス改革」を模倣し続けた**ことが分かります。それは、人件費を圧縮し、株主の利益を増やすという改革だったのでした。

ちなみに、一九九九年五月、ラゾニックは、経済同友会が東京で主催した企業システム改革のカンファレンスにおいて、講演を行なっています。当時の日本は、デフレ不況で苦しむ中、アメリカから株主価値最大化のイデオロギーを持ち込み、日本の企業システムを「内部留保と再投資」「終身雇用」から「削減と分配」へと改革しようとしていました。ラゾニックは、そんな日本に対して警告を発しました。

日本の企業経営者と公共政策の担当者は、株主価値の最大化を追求するコーポレート・ガバナンス体制と、経済全体の持続可能な繁栄との関係については、アメリカにおいてすらも、議論の余地が大いにあることを認識すべきである。[92]

ラゾニックの警告が無視されたことは、ご存じのとおりです。

◆二〇一〇年代の変化

ところが、二〇一〇年代に入ると、アメリカにおいて、株主資本主義に対する批判の声が高まってくるようになってきました。

ラゾニックは、それ以前から、一貫して、株主資本主義、特に自社株買いに対する批判を続け、多くの論文や著作を発表し続けていました。そのラゾニックの研究が、二〇一〇年代あたりから、次第に注目され、高く評価されるようになってきたのです。

中でも、ラゾニックが二〇一四年に『ハーバード・ビジネス・レビュー』において発表した論文「繁栄なき利益（Profits Without Prosperity）」は、同誌の年間最優秀論文に選出され、大きな話題となりました。

同じ年には、かのトマ・ピケティによる『二十一世紀の資本』の英訳が刊行され、世界的な大ベストセラーとなりました。

よく知られているように、ピケティは、一九八〇年代以降、特にアメリカとイギリスにおいて、所得格差が顕著に拡大していることを示しました。その格差拡大の要因の一つを、企業組織の観点から解明したのが、ラゾニックであったと言ってもよいでしょう。

ラゾニックの議論は、アメリカの政治にも大きな影響を及ぼしました。

二〇一六年、ジョー・バイデン副大統領（当時）は『ウォール・ストリート・ジャーナル』紙に「短期主義はどのようにして経済を搾取するのか[93]」と題した論考を寄稿しました。その中で、**バイデンは、ラゾニックの研究に言及しつつ、自社株買いを批判**したのです。

その後、大統領に就任したバイデンは、二〇二二年に成立したインフレ抑制法において、自社株買いの買い付け金額に一％の課税を行なうこととしました。さらにバイデンは、二〇二四年三月には、この税率を四％に引き上げる意向であることも表明しました。[94]

アメリカにおいて、株主資本主義への批判が高まっていた頃、日本においても、株主資本主義の問題を明らかにした研究が発表されるようになっていました。
例えば、二〇〇九年、日本銀行の川本卓司氏と篠崎公昭氏は、二〇〇二年から〇七年にかけて、景気拡大期であったにもかかわらず、賃金が伸び悩んだ原因の一つに、外国人持株比率の上昇に伴う株主の影響力の増大がある可能性を指摘しました。[95]
また、二〇一〇年に野田知彦氏と阿部正浩氏が発表した研究は、二〇〇〇年以降、金融機関と密接な関係をもつ旧来型の日本型ガバナンスがなされている企業では賃金が相対的に高く、外国人株主の影響が強い企業ほど、賃金が低くなっていることを明らかにしました。そして、最も大きな賃金抑制圧力は、外国人投資家の影響であると結論しました。[96]
二〇一五年の『労働経済白書』も、賃金が上がらない理由として、企業の利益処分の変化（株主重視）や非正規雇用の増大を挙げました。[97]
このように、二〇一〇年代は、「株主価値最大化」のイデオロギーの弊害が顕著になり、資本主義のあり方そのものを転換しなければならない重要な時期であったと言えるでしょう。
二〇一〇年代は、明らかに潮目の変化が起きていたのです。

◆時代の流れに逆行した安倍政権

ところが、二〇一二年に成立した第二次安倍晋三政権は、「成長戦略」と称して、**「株主価値最大化」のイデオロギーに基づく改革を転換するのではなく、むしろ加速させてしまいました。**

例えば、二〇一四年、家計の資金を株式投資に向かわせるための少額投資非課税制度（ＮＩＳＡ）が導入されました。

また、年金積立金管理運用独立行政法人（ＧＰＩＦ）の公的・準公的資金運用やリスク管理体制などが見直され、ポートフォリオにおける国内および海外の株式の比率が高められました。

二〇一五年には、企業に対する外部ガバナンスの規律である「コーポレート・ガバナンス・コード」が策定されました。

その前年の二〇一四年には、経済産業省の研究会が「持続的成長への競争力とインセンティブ～企業と投資家の望ましい関係構築～」プロジェクト「最終報告」なる文書を公表し、その中でグローバルな投資家に認められるROE（自己資本利益率）の最低水準は八％であると明記しました。

ROEというのは、企業の自己資本（株主資本）に対する当期純利益の割合です。

ROEは、分子の当期純利益を増やさなくても、株主還元により分母の自己資本を減らせば、簡単に数値を改善することができてしまいます。それゆえ、投資家がROEの改善を強く要求すれば、企業はその利益を株主に還元するようになるのです。

このROE重視の動きを受けて、ISSは、二〇一五年二月以降、過去五年の平均ROEが五％を下回る日本企業に対しては、株主総会で経営トップの選任案に反対票を投じることを機関投資家に推奨することとしています。

さらに、第二次安倍政権は、法人税の減税も行ないました。その結果、一九九七年には四六・三六％であった法人実効税率は、二〇一八年には二九・七四％にまで低下しました。

二〇一八年には入管難民法が改正され、二〇一九年四月から一定の業種で外国人の単純労働者を受け入れることを決定しました。この特定技能制度により、国内で賃金が上昇しようものなら、外国人労働者が流入して賃金を押し下げるという仕組みができあがったの

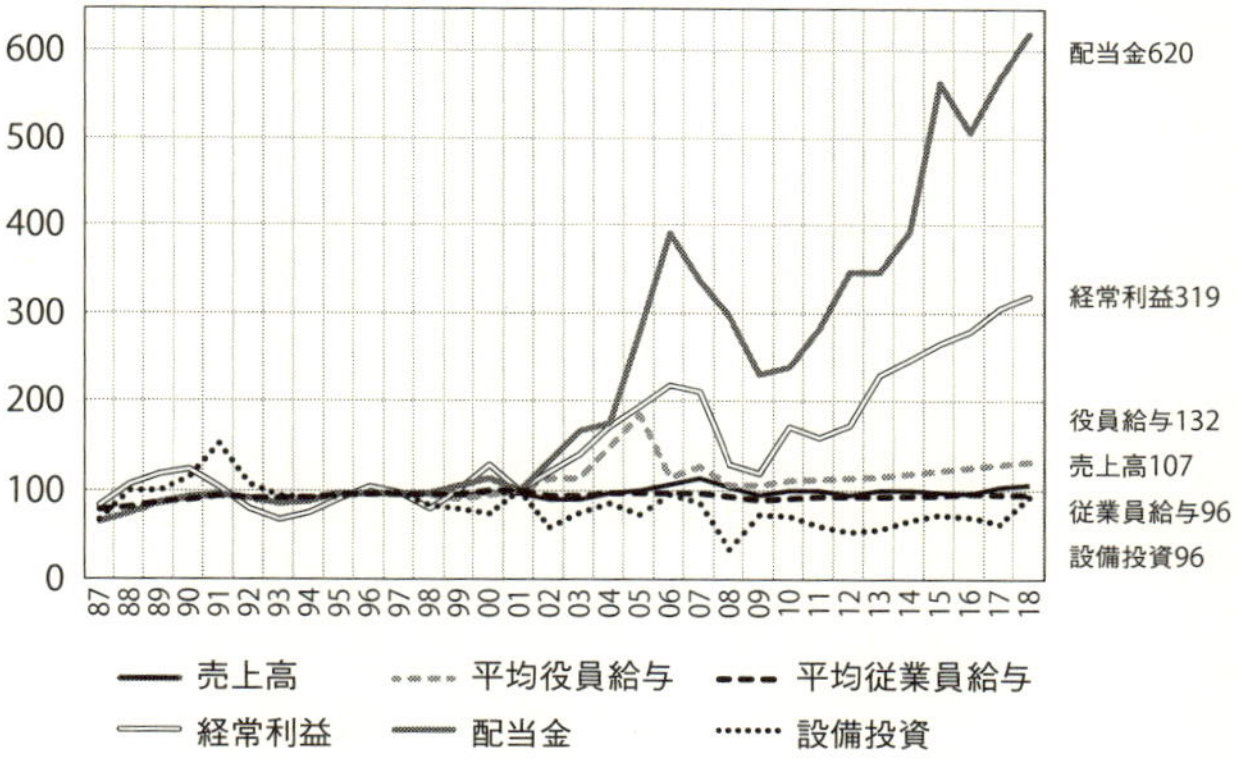

図11　売上高・給与・経常利益・配当金・設備投資の推移（資本金10億円以上、1997年:100）

1．財務省「法人企業統計調査」より、1997年をそれぞれ100として作成。

2．全産業（除く金融保険業）、資本金10億円以上、2018年母集団5,026社。

3．平均役員給与（1人当りの役員給与）＝（役員給与＋役員賞与）÷期中平均役員数。

4．平均従業員給与（1人当りの従業員給与）＝（従業員給与＋従業員賞与＋福利厚生費）÷期中平均従業員数。

5．設備投資＝（当期固定資産＋当期減価償却費）－（前期固定資産）

※固定資産：土地、建設仮勘定、その他の有形固定資産、ソフトウェア。

出典：相川清「法人企業統計調査に見る企業業績の実態とリスク」『日本経営倫理学会誌』第27号（2020年）

です。

◆改革の悲惨な結末

このように、一九九〇年代以降の日本は、一九八〇年代以降のアメリカの株主資本主義化をモデルとして、一連の「コーポレート・ガバナンス改革」を行なってきました。

その結果は、どうなったのでしょうか。

図11をご覧ください。

日本の大企業（資本金一〇億円以上）は、一九九七年から二〇一八年の間に、株主への配当金を約六・二倍も増やしています。しかも、この傾向は、第二次安倍政権が成立した二〇一二年以降、明らかに加速しています。

ところが、従業員給与は一九九七年を一〇〇とすれば二〇一八年は九六へと減少しています。それだけでなく、設備投資もほぼ同様に減少しているのです。

この図11は、日本経済が、経営者資本主義（内部留保と再投資、終身雇用）から株主資本主義（削減と分配）へと転換したことを、見事なほどに表しています。

ラゾニックの「革新的企業の理論」によれば、「削減と分配」の行動原理は、企業のイノベーションを起きにくくするものにほかなりません。

そして、**過去三十年間の「コーポレート・ガバナンス改革」は、日本企業の行動原理を「削減と分配」へと変えるためのものでした。**

ですから、日本企業がイノベーションを起こせなくなったのも当然というわけです。

ところで、ここで、こんな疑問が浮かんだかもしれません。

確かに、アメリカの「コーポレート・ガバナンス改革」を模倣した結果、日本企業の行動原理は、アメリカ企業同様、「削減と分配」へと変わったのかもしれない。

しかし、それでも、「削減と分配」の先駆者であるはずのアメリカでは、例えば、スティーブ・ジョブズが生み出したiPhoneや最近の生成AIなどを見ても分かるように、日本よりイノベーションを起こしているではないか。

そうだとしたら、日本企業がイノベーションを起こせなくなったのは、アメリカの「コーポレート・ガバナンス改革」を真似したからではないのではないか。

この疑問に対する答えは、次の第七章において明らかにしましょう。

第七章
シュンペーター的国家

◆アメリカのイノベーション

シュンペーターの遺産を受け継いで、「革新的企業の理論」を構築したラゾニックは、一九八〇年代のアメリカの企業の行動原理が、それ以前の「内部留保と再投資」「終身雇用」から「削減と分配」へと変わってしまったことを明らかにしました。それは、企業の行動原理をそのように変えてしまうコーポレート・ガバナンス改革が行なわれたからでした。

そして、このような制度改変が行なわれた背景には、主流派経済学の市場均衡理論をベースにした「株主価値最大化」のイデオロギーがありました。

「革新的企業の理論」によれば、「内部留保と再投資」「終身雇用」の企業は、イノベーションを起こし、価値を生み出すのに適していました。これに対して、「削減と分配」の企業は、イノベーションを起こすのに適しておらず、単に、価値を抜き取るだけです。

それにもかかわらず、一九九〇年代の日本は、「株主価値最大化」のイデオロギーに染まり、アメリカの制度改変を模倣し続けました。

その結果、日本企業は、イノベーションを起こせなくなってしまったのです。

しかし、「削減と分配」の先駆者であるはずのアメリカ企業の方が、それを模倣した日本企業よりも、まだイノベーティブであるように見えます。製造業はいざ知らず、少なくとも情報通信産業や航空宇宙産業、あるいはバイオ産業においては、アメリカ企業はイノベーションを起こしています。

同じ「株主価値最大化」のイデオロギーに染まり、同じように「削減と分配」のためのコーポレート・ガバナンス改革をやってきたのに、どうして、このような違いが生じたのでしょうか。

ここで重要なのは、ラゾニックが、政府の政策が果たす役割に注目していたということです。

第六章において述べたように、ラゾニックの「革新的企業の理論」は、イノベーションを理解するためには、企業を取り巻く制度的環境や社会的条件をも考察しなければならないというものでした。

そうした社会的条件の一つに、政府の政策があります。

政府の政策は、企業が起こすイノベーションと無関係ではありません。政府がどのような政策をとるかは、一般に考えられている以上に、イノベーションのプロセスに非常に大きな影響を与えるのです。

◆アメリカが行なってきたインフラや知識への投資

ラゾニックは、アメリカ政府は、十九世紀以降、イノベーションを促進するような物的なインフラや知識への投資を積極的に行なってきたと指摘しています。

物的なインフラへの投資とは、歴史的には、大陸横断鉄道の建設への支援、AT&T（アメリカン・テレフォン・アンド・テレグラフ）の「規制下の独占」（競合電話会社の加入者も含めたすべての世帯への長距離電話サービスの提供と引き換えに、独占的地位を容認）、国内航空路線ネットワークの構築、州間高速道路システムの整備、そしてインターネットがあります。

特に、一九九三年に商業利用が開始されたインターネットの前身は、アメリカ政府が三十年以上にわたって開発してきたARPANETやNSFNETです。

情報通信技術の革命的なイノベーションを生み出し、インテル、マイクロソフト、アップル、シスコ、アマゾン、グーグル（アルファベット）、フェイスブック（メタ）などに巨額の利益をもたらすインフラを提供したのは、アメリカ政府だったのです。

また、アメリカ政府は、知識にも投資を行なってきました。

例えば、生命科学分野におけるイノベーションの拠点として有名な国立衛生研究所には、一九三八年から二〇一八年までに、一兆ドルを超える資金が拠出されています。

集積回路について言えば、そもそも、その端緒となったトランジスタの発明は、第二次世界大戦中の軍事研究が土台となっていました。また、一九五七年に設立されたフェアチャイルドセミコンダクターの周辺に新興半導体企業が多数設立され、シリコンバレーが形成されましたが、これらの企業が生産した半導体は、主に軍事用でした。かの有名なシリコンバレーは、政府の軍事需要が生み出したのです。また、集積回路生産額のうち軍需が占める割合は、一九六三年には九四％、一九六八年には三七％でしたが、この間、集積回路の一個当たりの価格は三一・六〇ドルから二・三三ドルにまで低下しました。政府の軍事需要が、集積回路の劇的な価格低下をもたらし、その商用利用を可能にしたのです。

航空宇宙分野のイノベーションにおいて、アメリカ航空宇宙局（NASA）が果たした役割の大きさについては、もはや言うまでもないでしょう。

◆イノベーションに関する最も重要な思想家

ラゾニックは、アメリカのイノベーションにおいて政府の役割がいかに大きいのかを明らかにしましたが、この点を最も鮮やかに示したことで有名な研究があります。

それは、二〇一三年にマリアナ・マッツカートが著した『企業家としての国家』（経営科学出版）です。

マッツカートもまた、シュンペーターの流れを汲んでイノベーションを研究する経済学者です。彼女は、シュンペーター的な視点から科学技術政策を研究するサセックス大学科学技術研究部門に所属していた時に、この『企業家としての国家』を発表し、現在は、ユニバーシティ・カレッジ・ロンドンの教授です。

また、マッツカートはラゾニックとも共同研究を行なっており、同書の謝辞においてラゾニックへの感謝を述べています。

二〇一三年、『ニュー・リパブリック』誌は、「イノベーションに関する最も重要な三人の思想家」のうちの一人にマッツカートを選出しています。[98]

ちなみに、本書の冒頭で紹介したように、社会学者のフレッド・ブロックも、この三人のうちの一人として選ばれています。

そのブロックが二〇〇八年に発表した論文は、アメリカ政府が市場への介入に消極的であるというのは幻想であり、実は、DARPA（国防高等研究計画局）をはじめとする政府機関が、非常に強力な産業政策を行なっていたことを明らかにしたものです。マッツカートも、この論文を参照しています。

アメリカは、一九八〇年代から一九九〇年代にかけて、通商産業省の産業政策が市場の競争を妨げるアンフェアなものであると日本を激しく批判し、産業政策をやめるよう外圧をかけていました。それを受けて、日本でも、産業政策は無駄であるとか、市場競争を歪めるので有害であると考えられるようになりました。その結果、通商産業省、そしてその後継組織である経済産業省は、産業政策をやめてしまい、新自由主義的な構造改革に邁進するようになりました。

ところが、その当のアメリカは、日本よりもはるかに強力な産業政策をやっていたのです。しかも、それは、政府が企業に基礎研究資金を助成するというレベルにとどまらず、政府職員が積極的に活動し、民間企業とネットワークを形成し、技術開発の方向性を指示していました。そのことを明らかにしたのが、フレッド・ブロックなのです。

「イノベーションに関する最も重要な三人の思想家」のうち二人が、政府の産業政策がイノベーションの源泉となっていることを最大限に強調した研究者であることは、実に印象的です。

◆アメリカの代表的な産業政策

マッツカートは、アメリカ政府の積極的な活動がイノベーションの源泉となっていることを証明するために、四つの印象的な例を挙げています。

DARPA、SBIR（中小企業技術革新研究）プログラム、オーファンドラッグ（希少疾病医薬品）法、国家ナノテクノロジー・イニシアティブです。

DARPAは、一九五七年のソヴィエト連邦によるスプートニクの打ち上げに衝撃を受

けた国防総省が、ソ連との軍事技術競争に勝利することを目的に、一九五八年に立ち上げた部署です。

ＤＡＲＰＡは、単に研究資金を提供しただけではなく、大学のコンピューターサイエンス学部などの創設を援助し、企業の初期研究や半導体研究の支援を行なってきました。中でも有名なのは、初期段階のインターネット（ＡＲＰＡＮＥＴ）を管轄していたことです。アメリカのコンピューター産業におけるイノベーションは、ＤＡＲＰＡなしでは語れないと言っても過言ではありません。

ＤＡＲＰＡには最高の人材を職員として集め、将来性のあるアイディアに予算をつける権限を与えました。しかも、助成は、スタートアップ企業や中小企業に限らず、大企業や産業コンソーシアムも対象にしていました。特に重要なのは、ＤＡＲＰＡや関連する政府機関が、民間企業と直接共同作業を行ない、官民のネットワークを形成したことです。

ＳＢＩＲプログラムは、一九八二年に開始されたもので、年間二〇億ドル以上の資金を投じて、ハイテク中小企業を助成しています。ＳＢＩＲがハイテクのスタートアップ企業の成長に果たした役割は非常に大きなものがあったと考えられています。特に、近年、べンチャー・キャピタルがますます短期的な利益を追求するようになっている中、SBIRは、初期段階にあるハイテク・スタートアップ企業に対する資金供給源として、その重要性を増しています。

一九八三年に成立した**オーファンドラッグ（希少疾病用医薬品）法**は、稀《まれ》な疾病治療のために開発した薬剤に対する知的財産権と市場の保護の強化、税制上の優遇、臨床治験や研究開発に対する助成、優先審査と迅速承認などを定めた法律です。

このオーファンドラッグ法のおかげで、バイオ医薬品産業は大きく発展し、ジェンザイム、バイオジェン、アムジェン、ジェネンテックなどの大手バイオ医薬品産業の成長をもたらしました。

最後に、マッツカートは、**国家ナノテクノロジー・イニシアティブ**を例として挙げています。

一九九〇年代、アメリカ政府はインターネットの次の新技術を模索し、ナノテクノロジーをターゲットにしました。しかし、ラゾニックが描いたように、一九八〇年代以降、民間企業は、短期的利益を志向するようになっていたため、ナノテクノロジーの技術開発投資は、民間主導では期待できませんでした。

そこで、政府が、ナノテクノロジーの技術開発に、年一八億ドルという支出を行なうことを決めたのです。

マッツカートは、この国家ナノテクノロジー・イニシアティブの事例は、政府が、単に民間企業の技術開発に助成したり、基礎研究に資金を投じたりするだけではなく、目的を明確に設定し、民間企業ができない長期的な投資を行なうものであることを示すものだと述べています。

◆アメリカの産業政策が生み出したiPhone

さらに興味深いことに、マッツカートは、アップル社のスティーブ・ジョブズによるイノベーションとされるiPhoneが、実は、政府による手厚い支援なしには実現しなかったことを明らかにしています。

例えば、インターネットがＤＡＲＰＡによるイノベーションであることはすでに述べました。他にも、iPhoneの要素技術であるマルチタッチスクリーン、ＤＲＡＭ内蔵、リチウムイオン電池、液晶画面、NANDフラッシュメモリ、マイクロプロセッサなど、いずれをとっても、政府の資金が投入されていないものはありません。

もちろん、それらの要素技術の「新結合」によって、iPhoneを生み出したのは、スティーブ・ジョブズの天才によるのでしょう。しかしながら、政府の支援なしには、生み出し得なかったであろうことは否定できません。

さらに、アメリカ政府や州政府は、アップル社の研究開発に対する税制上の優遇や、政府調達といった支援を行ないました。また、アメリカ政府は、アップル社が世界市場に参入して競争を有利に進められるように、様々な支援を行なってきました。

要するに、かの**iPhoneは、アメリカの産業政策の産物**だったのです。

◆政府の能力

以上のように、マッツカートは、政府がイノベーションを起こすのに大きな役割を果たした実例を豊富に示しながら、シュンペーターやラゾニックと同じように、主流派経済学や、主流派経済学に基づく世間の常識を厳しく批判しています。

主流派経済学では、次のように想定しています。

市場は、価格メカニズムを通じて最も効率的な資源配分を行なう。このため、政府は、市場の価格メカニズムが正常に機能するように邪魔をしないことが大事なのであり、政府が資源配分に介入するのは望ましくない。仮に政府の介入が正当化されるとすれば、それは「市場の失敗」、つまり市場が最も効率的な資源配分を行なうことができない場合に限定すべきである。

こうした主流派経済学の市場均衡理論を根拠にして、多くの経済学者や経済アナリストが「イノベーションを起こすのは民間企業であって、政府には、世の中をよくするような次世代の技術や、成長する産業を見つけて育成する能力はない」と言いふらしてきました。そして、多くの人々が、そう信じるようになっています。

しかし、マッツカートは、先ほどのアメリカの実例を示しつつ、**政府には、明確な目的をもって、次世代の技術を特定して資源を重点的に配分することで、特定の産業を成長させる能力がある**と主張したのです。

◆主流派経済学の成長理論

第一章で述べたように、主流派経済学の市場均衡理論は「静態的」で、イノベーションによる経済発展を想定していないというのが、シュンペーターの批判でした。

もっとも、現代の主流派経済学は、イノベーションをまったく無視しているというわけではありません。ただし、その扱いは、はなはだ不十分なものです。

例えば、経済成長の理論モデルを構築したロバート・ソローは、経済成長のうち、資本と労働の投入だけでは説明できない部分は技術進歩によるものだとしましたが、その技術進歩が経済の中でどのように生じるかは明らかにしませんでした。このため、ソローの成長モデルは、経済の外から、技術進歩という変数を挿入するという**「外生的成長理論」**となりました。

しかし、実際には、技術進歩は経済活動の中から生み出され、経済を成長させるものです。したがって、「外生的成長理論」では、経済成長を説明したことにはなりません。

そこで、主流派経済学者の中から、技術進歩を経済成長の因子として取り入れた理論モデルが提案されるようになりました。これは**「新成長理論」**あるいは**「内生的成長理論」**

と呼ばれています。

◆シュンペーター派の成長理論

しかし、**シュンペーターの流れを汲む異端派の経済学者たちは、この「内生的成長理論」に対しても批判的**でした。

というのも、「内生的成長理論」は、ある研究開発投資が、**一定の確率**で、イノベーションの成功につながるという想定を置いていたからです。

ところが、**シュンペーターの遺産を継ぐ経済学者たちは、現実のイノベーションは、確率で表すこともできない「不確実性」に直面する中で実現するものだと主張しました。**

シュンペーター派が強調する**「不確実性」とは、将来の見通しが、確率で示すことすらできないほど不透明であること**ということ、これがポイントです。

将来、技術開発や新商品が成功するのかどうか、まったく分からない状態の中で、どうやって研究開発投資を行なうのか、そこにこそイノベーションの本質があります。

イノベーションというものは、一定の確率で成功か失敗かが決まるという宝くじのようなものではないのです。

そうした将来の不確実性にもかかわらず、どうして投資は行なわれるのだろうか。これが、シュンペーター派の経済学者たちが探究した問題です。

シュンペーター自身は、第四章で明らかにしたように、大規模組織が、競争制限を行なうことで、不確実性を低め、巨額の投資を可能にしていると論じました。ラゾニックも、イノベーションは不確実性の高い活動だから、企業組織による「戦略的管理」が必要だと論じました。

その他のシュンペーター派の経済学者たちも、不確実性を低下させるためには、組織や制度が必要だと考え、イノベーションと制度との関係に光を当てています。その結果、不確実性を低め、イノベーションのための投資をやりやすくする上で、特に重要な役割を担っているのが、**国の制度や社会的条件である**ことが明らかとなっています。

制度や社会的条件は国ごとに違います。イノベーションが起きやすい国と、そうでない国とがあるのは、その国の制度や社会的条件がイノベーションに大きな影響を与えていることを証明しています。

シュンペーター派の経済学者たちは、このイノベーションに影響を与える国の制度や社会的条件を「イノベーションのナショナル・システム」と呼んで、研究を進めています。

こうしたシュンペーター派の一人であるマッツカートは、「イノベーションのナショナル・システム」の中でも、特に**政府の政策が重要である**と強調したのです。

◆政府は企業者

なぜ、イノベーションにとって、政府がそれほど重要なのでしょうか。

それは、イノベーションを起こすには、確率では表現できない不確実性にさらされながら、将来に向かって、リスクを負って投資しなければならないということと深く関係しています。

世の中を一変させるような画期的なイノベーションであればあるほど、それを成功させるには、長い時間がかかるし、より大きなリスクを伴います。

しかし、利益を上げなければならない民間企業は、成果が出るまで長い時間がかかるようなイノベーションでは、長い間、赤字を垂れ流さなければならないので、とても耐えられません。また、成功するかどうか分からないようなもののために、巨額の投資を行なうようなリスクも負えません。

このため、民間企業は、どうしても、より短期に成果が見込まれる応用研究にウェイトを起きがちになります。

しかも、ラゾニックが明らかにしたように、一九八〇年代以降の民間企業は、より多くの配当を要求する株主の強い圧力にさらされており、また、経営者も自分の利益の増加により強い関心をもつようになっています。

このため、民間企業は、以前にも増して、短期的な利益のことしか考えないようになっており、リスクを負うことを嫌がるようになっています。

これでは、民間企業から画期的なイノベーションが生まれることを期待することは、できないでしょう。

これに対して、政府であれば、民間企業よりもはるかに大きなリスクを負って、より長期的な視野に立って、より巨額の投資を行なうことができます。

言い換えれば、民間企業よりも政府の方が、将来の不確実性に立ち向かうことができるのです。

イノベーションとは、将来の不確実性に立ち向かうことであり、そして、将来の不確実性に立ち向かう精力的な「行動の人」のことを、シュンペーターにならって「企業者」と呼ぶならば、「企業者」になり得るのは、民間企業以上に、政府である。

これが、マッツカートが出した結論でした。

実際、アメリカのDARPA、SBIRプログラム、オーファンドラッグ法、国家ナノテクノロジー・イニシアティブ、あるいはアポロ計画といった実例が、政府が企業者としてイノベーションを起こし得るというマッツカートの「企業家国家論」を証明しているのです。

◆シュンペーターからマッツカートへ

ところで、シュンペーターは、このマッツカートの「企業家国家論」に賛成するでしょうか。

第四章で見たように、シュンペーターは、『資本主義・社会主義・民主主義』において、イノベーションを起こすのは、大企業組織であると論じました。「シュンペーター・マークII」です。

他方、『資本主義・社会主義・民主主義』は、政府がイノベーションの担い手になるとまでは書いていないようにも見えます。

しかし、第四章の議論を思い出してください。

シュンペーターが大企業組織をイノベーションの担い手とみなした理由は、大企業組織には、不確実性を低めるという、イノベーションに不可欠な戦略をとる能力があるからだ、というものでした。

言わば、大企業組織は、「企業者」ではないが、**「企業者機能」**をもっているというわけです。

大企業組織が「企業者機能」をもちうるのであるならば、**政府組織もまた「企業者機能」をもちうる**でしょう。

それが、マッツカートの「企業家国家論」だと考えられます。

実際、シュンペーターは、亡くなる前年の一九四九年に、こう書いています。

　最後に、しばしば指摘したように、企業者機能は物理的な人間、特に一人の物理的な人間の中にある必要はない。どんな社会環境も、それなりのやり方で企業者機能を実現している。例えば、この国の農業は、農務省が方法を導入し、その方法を教えることで、何度も革新されてきた。この場合、企業者として行動したのは、農務省である。我々の研究プログラムにとって最重要なもう一つの点は、この種の活動が過去そして現在においてどれほど重要であるのかを見出すことである。[99]

このように、シュンペーターは、アメリカの農務省を例に、政府が企業者として機能すると指摘し、この点を後の研究課題として残しています。

このシュンペーターの宿題に答えたのが、マッツカートの「企業家国家論」だと言えるのではないでしょうか。

◆ケインズとシュンペーターの組み合わせ

シュンペーター派のマッツカートは、政府が積極的に投資を行なうことでイノベーションが起きると主張しました。

もっとも、伝統的には、政府の投資の重要性を説いたのは、シュンペーターよりむしろ、ケインズやケインズ派の経済学者たちであると考えられています。

ケインズ派の経済学は、不況になって失業が発生するような時には、公共投資によって需要を創出し、不況を克服すべきであると主張するものです。

これに対して、マッツカートは、このケインズ派の公共投資の考え方を、シュンペーターのイノベーションの理論と組み合わせることを提唱しています。

要するに、**政府による公共投資の支出先を、長期的な視点に立ち、かつ目的を明確にした技術開発へと振り向ければ、イノベーションが起きて、経済成長が実現できるだろう**というわけです。

ちなみに、拙著『奇跡の社会科学』（ＰＨＰ新書）において解説しましたが、ケインズもまた、確率論では表せない「不確実性」の問題を理論の中心に据えていました。

ケインズは、貨幣というものを、将来の不確実性に対処するための手段として理解していました。

将来の不確実性が高い時、人々は、貯蓄しておこう（貨幣を持っておこう）とします。貨幣を持っておけば、将来、何が起きても対処しやすいからです。

しかし、人々が貯蓄に走り、消費や投資をしないということは、経済が成長しなくなるということであり、不況になるということです。不況になると不確実性はいっそう高まり、将来不安に駆られた人々は、ますます貯蓄に走るので、不況はいっそう悪化します。貨幣が将来の不確実性に対処するための手段であるから、不況が起きるというのが、ケインズの理論の核心部分なのです。

ケインズが、不況から脱するには、政府が民間に代わって投資を拡大すればよいと説いたことは知られています。

しかし、なぜ、政府は、不確実性が高い不況時にもかかわらず、投資を拡大できるのでしょうか。それは、政府の方が民間企業よりもリスクを負って投資を行なうことができるからにほかなりません。

それは、つまり、政府にこそ「企業者」になる資格があるということです。

このように、「不確実性」というキーワードに注目して見ると、ケインズも、シュンペーターあるいはラゾニックやマッツカートなどシュンペーター派の経済学者たちも、「不確実性」の問題を経済の本質と見抜いて、それを理論の中核に据えていることが分かります。

ですから、マッツカートが、ケインズとシュンペーターを組み合わせることを提唱するのは、理論的には、自然な流れであると言えるでしょう。

ちなみに、マッツカートと並んで「イノベーションに関する最も重要な三人の思想家」に選出され、アメリカの強力な産業政策の存在を明らかにしたフレッド・ブロックは、カール・ポランニーの研究においても知られています。ポランニーについても、『奇跡の社会科学』において解説しました。

ケインズもポランニーも、シュンペーター同様、主流派経済学の市場均衡理論に極めて批判的でした。彼らの遺産を受け継ぐ経済学者たちは、「異端派」と称されています。

こうした異端派の経済理論が、今、互いに接近し、お互いの考え方を取り込みながら、新たな理論を構築しようとする流れができつつあるようです。

そうした流れの一つとして、マッツカートが「現代貨幣理論（Modern Monetary Theory）」を取り込みつつあることを最後に解説しておきましょう。

◆現代貨幣理論と企業家国家論

「現代貨幣理論」とは、ケインズ派に属する経済理論であり、「ＭＭＴ」の略称で知られています。

ＭＭＴは、二〇一九年あたりから、アメリカや日本で大きな話題となり、論争を巻き起こしました。

ＭＭＴが話題となった理由は、**アメリカや日本のように、自国通貨を発行する政府が財政破綻に陥ることはあり得ないと主張し、国家予算の収支均衡を規範とする健全財政の考え方を否定したからです。**

健全財政を強く主張する人々は、このＭＭＴに猛反発し、「トンデモ理論」だというレッテルを貼って攻撃しています。

とりわけ、主流派経済学者の中でＭＭＴを支持する人は、ほぼいないと言ってよいでしょう。

ところが、マッツカートは、**ＭＭＴを支持する側に回った**のです。[100]

マッツカートは、政府は、営利組織である民間企業よりも大きなリスクを負って、投資を行なうことができるので、イノベーションを起こす「企業者」たり得ると論じました。

しかし、もし、政府が財政収支を均衡させなければならない、あるいは財政危機にあるならば、政府もまた、民間企業と同様に、リスクを負って投資をすることなどできないでしょう。

そうだとすると、政府と民間企業との間には、それほど大きな違いはないということになるでしょう。政府の方が民間企業よりも「企業者」としてふさわしいとは言えないということです。

しかし、もしMMTが正しくて、自国通貨を発行する政府は自国通貨建て債務の不履行、つまり財政破綻に陥ることはないのであれば、債務不履行のおそれのある民間企業よりも、はるかに大きなリスクを負って、技術開発投資を行なうことができるでしょう。

つまり、MMTは、政府が「企業者」としてイノベーションを生み出す可能性を飛躍的に高める理論だということです。

◆現代貨幣理論とシュンペーター

ＭＭＴに関する詳細な解説は他に譲るとして、[101]ここでは、シュンペーターや「貨幣循環理論」と関連付けながら、ＭＭＴについて解説することとしましょう。

第二章において論じたように、シュンペーターは、銀行は貨幣を創造する特殊な機関であり、また、銀行の貸出しによって預金という貨幣が創造されるという「信用創造」を理解していました。

このシュンペーターの貨幣に関する理解を受け継いだのが、「貨幣循環理論」です。

ＭＭＴもまた、銀行の信用創造（貨幣創造）について、シュンペーターと同じ理解をしています。

したがって、ＭＭＴは、第三章において解説した「貨幣循環理論」と非常に多くの共通点をもった理論となっています。

ただし、**ＭＭＴは、「貨幣循環理論」とは異なり、政府と中央銀行を一体として「統合政府」とみなすところに特徴があります。**

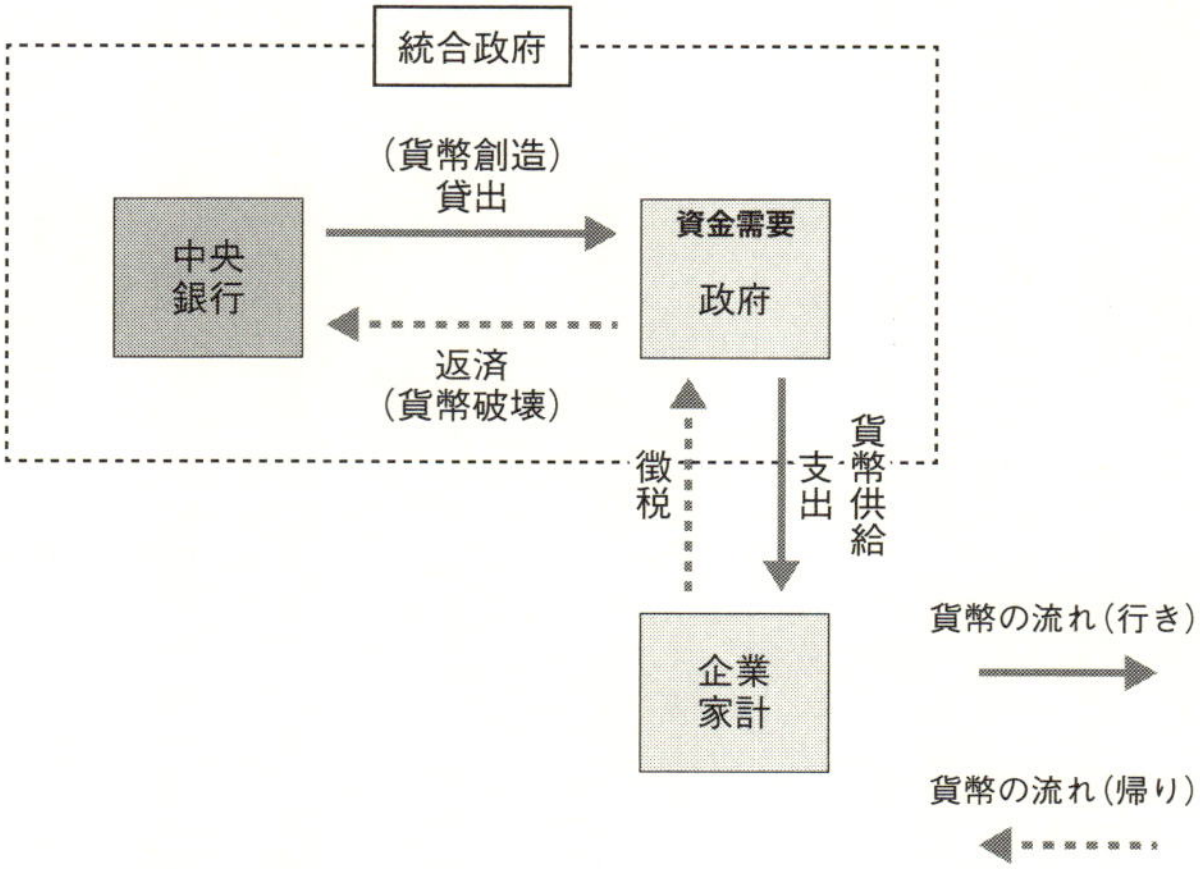

図12　現代貨幣理論

そこで、図5の政府による貨幣循環の図を改変して、政府と中央銀行を「統合政府」としてみましょう。すると、図12のようになります。

非常に単純化して言うと、この図12がMMTです。

図12によれば、政府（統合政府）が自国通貨を発行し、民間経済に供給した後、それを強制力のある徴税権力によって回収しています。

ここから明らかなように、自国通貨の供給量が回収量よりも多くないと、民間経済に自国通貨は流通しません。しかし、自国通貨の供給量が回収量よりも多いということは、財政赤字だということです。
ということは、財政赤字はあって当然と言うか、むしろ、財政赤字がないと困るということになります。

そして、自国通貨を発行して供給するのは政府（統合政府）ですから、政府が自国通貨建ての債務を返済できなくなるわけがありません。つまり、自国通貨を発行する政府は、財政破綻しないということです。

財政破綻する可能性があるのは、自国通貨を発行できない政府（例えば、ユーロ加盟国の政府）か、外国通貨建ての債務に関して返済できなくなった政府、あるいは徴税権力が不十分な弱い政府になります。実際に、財政破綻した政府の例は、これらのいずれかです。

先進国政府が自国通貨建て債務を返済できなくなったという例は、ありません。

アメリカ、イギリス、そして日本は、自国通貨建てで国債を発行する政府に該当します。ですから、これらの国の政府が財政破綻することはあり得ません。

財政破綻しないのであれば、財政の収支均衡は気にしなくてもよい。あとは、政府支出や課税が経済に与える影響だけを考えて（例えば、政府支出を拡大しすぎてインフレを起こさないように気を付けながら）、財政運営を行なえばよい。

これが、ＭＭＴが出した結論です。

また、図12が示すように、政府支出が先で、徴税は後になります。むしろ、徴税するためには、あらかじめ、政府が支出によって貨幣を供給しておかなければなりません。

ということは、**税は、政府支出の財源を確保する手段ではあり得ない**ということになります。

世間では、税と言えば、政府の財源を確保するためにあるものだと根強く信じられています。ＭＭＴへの反発が強いのも、そのためでしょう。

しかし、図12を見ながら、論理的に考えてみてください。

そもそも、政府が課税によって民間から徴収するのは、自国通貨です。その自国通貨を発行して民間に供給したのは政府です。

ならば、自国通貨を発行できる政府が、税を財源にしなければならないと考える方が、むしろ、おかしいでしょう。

実は、シュンペーターも、財源確保のための手段としての租税という発想は、いずれ消滅するだろうと考えていました。

そして、彼は、こう指摘しています。

というのは、常識の問題として考えても、中央当局がはじめに一度所得を渡しておきながら、その後でその一部分を取り返すべく受領者を追っかけ回すというようなことは、まったくばかげているからである。[102]

シュンペーターやMMTあるいは「貨幣循環理論」のように、**貨幣創造を正確に理解していれば、税は財源確保の手段ではないという結論になるのは、当然**なのです。

◆シュンペーターの子孫たち

MMTが正しければ、政府は、民間企業とは比べものにならないほど大きな資金的リスクを負うことができるということになります。

MMTは、マッツカートの企業家国家論を補強する役割を果たしているのです。

なお、ＭＭＴを批判する論者たちは、決まって「政府が財政破綻しないからといって、バラマキをやればいいというものではない」などと批判するのですが、もちろん、ＭＭＴは、そのような主張はしていません。

繰り返しになりますが、**ＭＭＴは、財政の収支均衡ではなく、政府支出や課税が経済に与える影響を判断基準として、財政を運営すべきだと言っている**のです。

したがって、ＭＭＴは、過度なインフレを引き起こすような政府支出を正当化するものではありません。

さらに言えば、ＭＭＴの創設者の一人であるＬ・ランダル・レイは、どこに資金を投じるのかというターゲットを絞った政府支出の方が望ましいと明言しています[103]。

その支出先のターゲットを長期的な視点に立った技術開発分野にして、イノベーションを起こそうとすれば、それは、マッツカートの企業家国家論になるのです。

ちなみに、レイはハイマン・ミンスキーの弟子にあたりますが、そのミンスキーの指導教授はシュンペーターでした。

ＭＭＴの提唱者は、シュンペーターの孫弟子だったのです。

ＭＭＴがシュンペーターの貨幣理論を引き継いでいるのに対して、マッツカートは、シュンペーターのイノベーションの理論を引き継ぎました。

そして、第二章で明らかにしたように、シュンペーターの『経済発展の理論』は、新結合（イノベーション）と銀行による信用創造とが相まって、経済発展の原動力となるという理論でした。

したがって、マッツカートが、自身の企業家国家論にＭＭＴを取り込んだのも、当然の成り行きと言うべきでしょう。

企業家国家論とＭＭＴは、シュンペーターを共通の祖先としているのです。

◆日本でイノベーションが起きなくなった理由

さて、ここにきて、ようやく、冒頭の疑問「どうして、日本は、アメリカの真似をしてコーポレート・ガバナンス改革をやってきたのに、アメリカではイノベーションが起きて、日本では起きなくなったのか」の答えが出たと思います。

アメリカでは、政府が、大規模な産業政策を積極的に行なうことで、イノベーションを起こしていたのです。

アメリカの企業は、「削減と分配」のコーポレート・ガバナンス改革によって、自らリスクを負って長期的な投資を行なわなくなりました。しかし、アメリカ政府が、その長期的な投資を肩代わりしていたのです。アメリカの企業は、政府が推し進めたイノベーションのおこぼれにあずかって儲けていたに過ぎません。

ただし、アメリカ政府が強力な産業政策によってイノベーションを起こしているからと言って、企業の行動は「削減と分配」のままでよいというわけではありません。

マッツカートとラゾニックは、アメリカの企業が、政府による技術開発投資の恩恵を多大に受けているにもかかわらず、その利益を株主と経営者が独占し、労働者や国全体に還元していないことを問題視し、「株主資本主義」を是正するような改革が必要だと強く主張しています。[104]

いずれにしても、アメリカでは、一九八〇年代以降、企業はコーポレート・ガバナンス改革によって「企業者」でなくなってしまいましたが、その代わりに、政府は「企業者」であり続けていました。

これが、アメリカにおいて、なおイノベーションが起きている大きな理由です。

ところが、一九九〇年代以降の日本は、「削減と分配」のコーポレート・ガバナンス改革を行なっただけではなく、並行して、「小さな政府」を目指す行政改革を行ない、産業政策もやめてしまいました。そして、一一四ページ図6で示したように、政府支出もほとんど行なってきませんでした。しかも、デフレを二十年以上も放置したのです。

その結果、**日本では、企業も政府も、「企業者」ではなくなってしまいました。**これでは、イノベーションが起きるはずもないでしょう。

ちなみに、シュンペーターの「創造的破壊」という言葉を使った二〇〇一年の「骨太の方針」は、「本格的な財政再建に取り組む際の中期目標として、まずは「プライマリーバランスを黒字にすること（過去の借金の元利払い以外の歳出は新たな借金に頼らないこと）」

を目指すことが適切である」と明記しています。

これ以降、プライマリーバランスの黒字化が目標として設定されるようになり、政府支出は抑制され続けることとなりました。

この二〇〇一年の「骨太の方針」が、「預貯金中心の貯蓄優遇から株式投資などの投資優遇へ」と称して、株主資本主義化を推し進めたことは、すでに述べました。

シュンペーターの言葉を引きながら、イノベーションが起きなくなるような政策を次から次へと断行するという、目をおおいたくなるような愚行。

それこそが、日本の構造改革だったのです。

第八章

資本主義は生き延びることができるのか

◆創造的破壊の果てに

「創造的破壊」というシュンペーターの言葉を好んで使う人は、少なくありません。経済評論家やビジネス・コンサルタントなどが「日本経済が停滞から脱するためには、創造的破壊が必要だ」などと言っているのを聞いたことがある人もいるでしょう。すでに述べたように、二〇〇一年の「骨太の方針」は、構造改革自体が「創造的破壊」だと誇らしげに宣言していました。

ところが、その「創造的破壊」という言葉が出てくる書である『資本主義・社会主義・民主主義』には、次のようなショッキングなことが書かれています。

> 資本主義は生き延びることができるか。否、できるとは思わない。[105]

イノベーションの理論の神様として、ビジネスマンから崇《あが》められているシュンペーターは、**「資本主義は生き延びられない」**と考えていた人物だったのでした。

しかも、シュンペーターは、これは単なる予言ではなく、科学的な論証の結果であると明言しています[106]。

では、資本主義が滅びるのだとして、社会主義だったら、うまくいくというのでしょうか。

シュンペーターの答えは、こうです。

社会主義は作用しうるか。もちろん作用しうる[107]。

◆マルクス主義との違い

社会主義の到来の予測と言えば、マルクス主義が知られています。

マルクス主義者は、資本主義という経済システムは矛盾をはらんでいるため、いずれ失敗して崩壊すると考えています。

しかし、シュンペーターのヴィジョンは、マルクス主義者とは違うものでした。

シュンペーターは、資本主義が失敗して崩壊すると考えたのではありません。

その反対に、資本主義は華々しい成功を収めるだろう。しかし、その成功のゆえに、自ら崩壊するだろう。シュンペーターは、そう考えたのです。

私の確立せんとつとめる論旨はこうである。すなわち、資本主義体制の現実的かつ展望的な成果は、資本主義が経済上の失敗の圧力に耐えかねて崩壊するとの考え方を否定するほどのものであり、むしろ資本主義の非常な成功こそがそれを擁護している社会制度をくつがえし、かつ、「不可避的に」その存続を不可能ならしめ、その後継者として社会主義を強く志向するような事態をつくり出すということである。[108]

資本主義は崩壊して社会主義になるが、それは、資本主義が成功するからだ。これは、いったい、どういう意味なのでしょうか。

そもそも、東西冷戦が終わって、社会主義陣営が敗北してから、三十年以上が経っています。

今日、資本主義の成功と社会主義の失敗は、誰の目にも明らかであるように思えます。

資本主義が崩壊して社会主義の時代になるというシュンペーターの予測は、外れたということではないのでしょうか。

しかし、シュンペーターは、資本主義は失敗するのではなく、むしろ成功すると言っています。ところが、その成功ゆえに、資本主義は崩壊するのだと彼は言うのです。どうして、そういうことになるのでしょうか。

シュンペーターの壮大なヴィジョンをたどっていくこととしましょう。

◆社会主義とは何か

その前に、そもそも「社会主義」とは何を意味するものかを明らかにしておきましょう。

シュンペーターは、「社会主義」を次のように定義しています。

われわれのいう社会主義社会とは、生産手段に対する支配、または生産自体に対する支配が中央当局にゆだねられている——あるいはこうもいえると思うが、社会の経済的な事柄が原理上私的領域にではなく公共的領域に属している――ような制度的類型にほかならない。[109]

これに対して、「資本主義」は、第二章において論じたように、私有財産制度、契約の自由、銀行による信用創造の三つからなる社会のことでした。

このうち、私有財産制度と契約の自由だけであれば、それは**「商業社会」**です。商業社会に銀行による信用創造が加わると、**「資本主義」**になります。

シュンペーターは、「社会主義」は、厳密に言えば、「資本主義」というよりは「商業社会」と対比されるべきものであろうけれども、一般的な言葉の使い方に従って、「社会主義」と「資本主義」を対比させても問題はないと述べています。[110]

つまり、シュンペーターの考える「社会主義」では、銀行による信用創造という仕組みがなくなるとは限らないということです。

シュンペーターは、社会主義における中央当局は生産を支配するが、それは、中央当局が絶対的な権力をもっているとか、執行のすべてを指示するとかいったことを意味するわけではないとも述べています。また、彼は、私有財産制度が廃止されて、財産がすべて国有になるということを想定しているわけでもありません。

さらに、中央当局の計画は、議会の承認を得なければならないものでありうるし、また、個々の産業や企業は、生産に関する自由裁量の余地を大きく与えてよいものだとシュンペーターは言っています。[111]シュンペーターにとって、「社会主義」は、民主主義と両立し得るものなのです。

したがって、シュンペーターの言う「社会主義」とは、公共セクターの役割が民間セクターよりも大きい経済システムのことだと、おおまかにとらえておけばよいでしょう。

◆「一世紀といえども短期である」

その上で、シュンペーターは、誤解を避けるために、「私は社会主義を擁護するものではない。また私はその意味いかんにかかわらず、その望ましいことや、あるいは望ましからざることを論ずるなんらの意図をももっていない」[112]とも明言しています。

社会主義を目指せとか、逆に社会主義になったら困るとか、そういう思いは、シュンペーターには一切ありません。

しかし、科学的な分析の結果、資本主義は、好むと好まざるとにかかわらず、社会主義へと転換していく傾向にあると言わざるを得ない。これが、シュンペーターの主張なのです。

もう一つ、注意しておくべき点があります。

シュンペーターは社会主義の到来を予測しました。しかし、突然、資本主義が崩壊して社会主義になるといった革命を想定していたわけではありません。

資本主義というシステムには、その表面上の現象とは別に、ゆっくりと社会主義へと転換していく傾向が底流としてある。これが、シュンペーターの分析でした。

シュンペーターは、資本主義から社会主義への転換を、非常に長期的な予測として示したのです。「かような事柄にあっては一世紀といえども『短期』である[113]」と彼は述べています。

以上を念頭に置きながら、シュンペーターの議論を追ってみましょう。

◆資本主義の精神

まず、シュンペーターは、経済学的な論理からいったん離れて、資本主義社会を特徴づける文化や精神について論じることから始めています。

資本主義が生み出した精神、それは**「合理主義的個人主義の精神」**です。どうして、資本主義が合理主義的個人主義を生み出すのでしょうか。それは、資本主義社会というものが、損得計算とかカネ勘定とかを基礎にしているからです。

第一に、資本主義は貨幣単位——それ自体なにも資本主義の産物ではないが——を計算単位にまで高める。（中略）それは、第一義的には経済的合理性の発展の申し子たる費用=利潤計算が、やがて逆にその合理性自体に反作用し、数量的な具象化と明確化とをつうじて強力に企業の論理を推進せしめることである。かくのごとく経済部門において明確化され数量化された型の論理、態度、方法は、次には人間の道具や哲学、あるいは医療方法、あるいはまた宇宙観、人生観のみならず、美、正義、精神的抱負の概念をも含む実際上いっさいのものを隷属させる——合理化する——征服者街道に乗り出すのである[114]。

資本主義の精神は、損得計算など、経済合理性を追求する精神ですが、その精神は、経済の領域を超えて、社会全般を支配するようになるとシュンペーターは言っています。つまり、人々は経済のみならず、科学でも政治でも哲学でも、何でも合理主義的に考えるようになるのです。

「この意味において資本主義は——ただ単に経済活動一般のみならず——結局のところ人間行為全般を合理化する推進力となったのである[115]」とシュンペーターは述べています。

◆資本主義は反英雄的

合理主義の精神が支配的になると、当然のことながら、非合理主義的な精神は消えていきます。

あいまいで数値で明確化できないもの、主観的なものは軽蔑され、排除されていきます。客観的なデータで根拠を示せないような主張は、「それって、あなたの感想ですよね?」と一蹴されてしまうわけです。

その代わりに好まれるのは、カネ儲けや数値ではっきり示せるような分かりやすい話です。

「資本主義過程は人間の行為と考え方とを合理化し、そうすることによってわれわれの心のなかから形而上学的信仰とともに、あらゆる種類の神秘的・ロマン的観念を追放する」[116]とシュンペーターは言っています。

今日、大学のあり方を巡る議論で、法律学や経営学あるいは情報工学が好まれ、文学や哲学や歴史学などは無駄だという主張が幅を利かせていますが、これなどは、まさに資本主義の合理主義精神を強く反映しているというわけです。

さらにシュンペーターは、資本主義の合理主義精神は、**「反英雄的」**であるとも指摘しています。

中世の騎士道のように、武勇を誇ったり、自己犠牲を厭《いと》わなかったりといった精神は、ビジネスの世界では何の価値もありません。ビジネスマンは、損得勘定を度外視した戦いというものを好みません。

「そして闘争のための闘争、勝利のための勝利という考え方を讃美するイデオロギーも、数字の列に取り巻かれた事務所では色あせてしまうことは了解するに難くないであろう」[117]

このように考えたシュンペーターは、資本主義社会は、基本的に、平和主義的で国際協調的であると考えました。戦争は、損得勘定からして、割に合わないからです。割に合う戦争ですら嫌がられるだろう、とシュンペーターは言っています。

マルクス主義は、資本主義が帝国主義的な戦争を引き起こすと論じましたが、シュンペーターはこのような説を否定するのです。

◆企業者が不要になる

資本主義の精神とは、合理主義的、世俗的、平和主義的、そして国際主義的であるとシュンペーターは論じています。

これは、おおむね、そのとおりだろうと思われたかもしれません。

しかし、この資本主義を特徴づける合理主義の精神や文化が、資本主義を崩壊させるのだとシュンペーターは論じたのです。

どうして、そういうことになるのでしょうか。

これについて理解するには、第四章で論じた「シュンペーター・マークⅠ」と「シュンペーター・マークⅡ」の違いを思い出す必要があります。

『経済発展の理論』では、イノベーションを起こすのは、精力的な「行動の人」である「企業者」とされていました。「シュンペーター・マークⅠ」です。

それが、『資本主義・社会主義・民主主義』では、大企業組織になっています。これが「シュンペーター・マークⅡ」です。

「シュンペーター・マークⅡ」の世界においては、特異な性格と稀有《けう》な才能をもった企業者個人ではなく、大企業組織内の専門家たちが計画的にイノベーションを生み出すようになっています。

資本主義の精神は合理主義ですが、イノベーションまで合理化されるようになるのです。

技術的進歩は、そのために必要なものをつくり出し、進歩そのものを予測しうる形で行なわしめるような一群の専門家の仕事になりつつある。資本主義初期の商業的冒険のロマンスは、いまや急速に昔日の光彩を失いつつある。なぜなれば、かつては天才のひらめきのなかに描かるべきはずであったものが、いまでは精確に計算されうるようになり、しかもそのようなものがいよいよ増しているからである[118]。

加えて、イノベーションが、精力的で天才的な個人ではなく、大企業組織の専門家たちによって日常的に行なわれるようになります。組織が自動機械のようにイノベーションを生み出すようになるのです。「かくて経済進歩は、非人格化され自動化される傾きがある」[119]。

そうなると、イノベーションを起こすのに、もはや「企業者」は無用となります。**資本主義は、イノベーションを自動化するまでに成功した結果、企業者を追い払ってしまうのです。**

◆政治の劣化

また、資本主義は発展する過程で、それまでの封建社会の制度的枠組みを破壊していきます。例えば、貴族や地方領主たちは、その生活基盤であった荘園を破壊され、没落していきます。

しかし、政治を担っているのは、そうした貴族や領主といった封建社会における上層階級であり、資本主義社会において台頭したブルジョワ階級ではなかったとシュンペーターは述べています。合理主義的・個人主義的なブルジョワ階級の人々は、ビジネスは得意ですが、政治は不得手だからです。政治というものは、ビジネスのような感覚で行なえるものではないからです。

政治のリーダーに必要なのは、人々に威信を示して、従わせる能力です。

ところが、

産業家や商人については、まさにその反対が真理である。彼のまわりには、人を支配するにふさわしい神秘的栄光の片鱗さえもみられない。株式取引所は、中世の聖盤(Holy Grail)の貧弱なる代用物でしかない。産業家や商人が企業者であるかぎりは、また指導者の機能をも果たすことは、すでに見たところである。しかしこのタイプの経済的指導者は、中世貴族の軍事的指導者のごとく、国民の指導者にまではおいそれとは発展しないものである。反対に彼らを熱中させ没頭させるものは、元帳と原価計算である。[120]

しかし、政治がなければ、資本主義社会を維持することはできません。資本主義を守ってきたのは、政治なのです。

ということは、資本主義社会は、貴族や領主といった、資本主義以前の上層階級が守ってきたのだということになります。言い換えれば、資本主義は、封建社会の残滓《ざんし》があるおかげで、かえって維持することができていたということです。

ところが、**資本主義は、その発展の過程で、そうした封建社会の残滓である貴族階級を没落させていきます。**

つまり、資本主義は、発展することによって、その基盤を掘り崩してしまうのだ。シュンペーターは、そう診断しました。

「すなわち、資本主義過程は封建社会の制度的骨組みを破壊したとまったく同じ仕方で、資本主義自体の骨組みの土台を切りくずすこと、これである」[121]

「かくして資本主義は、前資本主義社会の骨組みを破壊する際に、自己の進歩を阻止する障害物を打ちこわしたのみならず、さらにその崩壊を防いでいる支壁をも破壊してしまった」[122]

要するに、資本主義は、封建社会の残滓を一掃して純化されたとたんに、自壊していくということです。

◆私有財産制度の形骸化

シュンペーターは、資本主義の発展過程で、企業組織の大規模化・独占化が進展しているのを観察しました。

大企業組織の独占的・競争制限的な力が強まると、中小企業は衰退します。

この中小企業の衰退もまた、「資本主義自体の骨組みの土台を切りくずすこと」になるものだとシュンペーターは論じています。なぜなら、資本主義の土台である政治を支えてきたのは、多数の中小企業の経営者たちだったからです。

一国の政治構造は、多数の中小規模企業が排除されることによって深刻な打撃を受ける。というのは、中小規模企業の所有者兼管理者は、その家族、取り巻き、縁者とともに投票において量的に重要なものであり、大企業単位の管理においてはけっして存在しえない職長階級ともいうべきものに対する支配力を握っているからである。そのもっとも活発な、もっとも堅固な、もっとも意味深きタイプが国民の道徳的視野から消え去ってしまうような国にあっては、ほかならぬ私有財産や自由契約の基礎そのものが失われていかざるをえない。[123]

ここで、シュンペーターは、中小企業が衰退すると「私有財産や自由契約の基礎そのものが失われ」るとも述べていますが、それは次のような意味です。

中小企業においては、会社の所有者が経営を行なっていました。いわゆるオーナー企業です。

私有財産制度の基本原則は、私有財産はその所有者が管理するということです。オーナー企業では、まさに会社という私有財産の所有者が、経営者として自分の会社を管理しているので、私有財産制度の基本原則にのっとっていると言えます。

ところが、株式市場が発達し、企業組織が大規模化していくと、オーナー企業は主流ではなくなります。

会社の所有者は確かに株主ですが、会社を実質的に経営しているのは株主ではなく、経営者になるのです。いわゆる**「所有と経営の分離」**です。

この大企業における「所有と経営の分離」、そして株式市場の発達は、私有財産の管理はその所有者が責任をもって行なうという、私有財産制度の基本原則を骨抜きにしています。財産の所有者が、その財産を実質的に管理できないのであれば、私有財産制度は、形だけのものになってしまうからです。

◆契約の自由の無意味化

大企業組織は、契約の自由の原則も骨抜きにするとシュンペーターは考えました。

もともと、契約の自由が想定していたのは、個人が、複数の選択肢の中から一つを選択して、契約を結ぶという自由な意志でした。

しかし、大企業が他の大企業と契約を結ぶ場合や、労働者を雇用したり、賃金を決めたりする契約は、個人と個人の間の契約というよりは、大企業組織同士、あるいは大企業組織と労働組合の間の労使交渉によって決まっていくことになります。

こうした契約は、顔の見える個人同士が、個人としての責任において結ぶ契約ではなく、組織同士、集団同士の契約になっています。**契約の自由の原則が本来想定していたものとは別物になっているのです。**

さて、第二章において述べたとおり、シュンペーターは、資本主義の基盤となる要件として、私有財産制度、契約の自由、銀行による信用創造の三つを挙げていました。

ところが、資本主義が発展し、企業組織が大規模な機構となっていくにつれ、私有財産制度と契約の自由が形骸化《けいがいか》していきます。

それは、資本主義を成立させていた三つの要件のうち、二つが形骸化していくということです。

シュンペーターは、次のように結論しました。

資本主義過程は、工場の塀や機械の一片を株式に変えることによって、財産という観念からその生命を奪い去る。資本主義過程は、かつてきわめて強力であった把握力を弛緩せしめる、——すなわち、自分の好むところに従って財産を処分するという法的権利と実際の能力という意味における把握力の弛緩、また財産権の所有者が「自分の」工場およびその支配のために、経済的、肉体的、あるいは政治的にたたかい、必要とあらばそれを枕に討ち死にしようとするほどの意志を失ったという意味での把握力の弛緩、これである。財産の実体的内容――その目に見え、手に触れることのできる現実態――とも称しうべきものがかくのごとく霧消することは、ただ単にその所持者の態度に影響するのみならず、労働者や一般大衆の態度にも影響する。実体的内容を失い、機能を失い、しかも不在的な所有などというものは、いきいきした財産形態がかつて果たしたようには人の心をゆり動かし、道徳的忠誠を喚起しうるものではない。真にそれを擁護せんとして立ち上がるものは、ついに一人もなくなるであろう――大企業の領域の内外を問わず、一人もなくなるであろう。[124]

◆少子化を予測したシュンペーター

資本主義を破壊していく要因は、まだあります。

シュンペーターは、資本主義の発展過程では、家族制度も形骸化して、少子化が進展し、それが資本主義を機能不全に陥らせるとも論じています。

ただし、それは、今日、言われているように、「少子化で人口が減少して、経済が成長しなくなる」とか「社会保障の負担が大きくなる」といった話とはまったく違います。
シュンペーターは、もっと、ずっと深い議論をしていました。

シュンペーターが言っているのは、次のようなことです。

資本主義の精神は、損得勘定を優先させる合理主義の精神です。
ところが、損得勘定で考えると、結婚して子供をつくり、育てるという行為は、経済合理性がありません。家族に縛られることや、親や子のために自分を犠牲にすることは、割に合わないからです。「家族のために自分を犠牲にしても、元がとれないではないか」というわけです。

もちろん、家族をもつとか、子供を育てるとか、親の面倒をみるとかいったことは、損得勘定で考えるようなものではありません。家族をもつという行為の動機になるのは、言うまでもなく、情愛です。

ですが、**合理主義の精神に支配された資本主義社会では、情愛などという、経済合理性がないものは、尊重されないのです。**

他方で、家族をもつことには、安らぎが得られるといったメリットもあります。そのメリットが大きい場合には、合理主義的に考えても、割に合うという意見もあるかもしれません。

しかし、実際には、そうはならないとシュンペーターは言っています。

なぜなら、家族が与えてくれる精神的な健康のようなものは、「公私の生活において目先の功利的な関連についての確かめうる瑣事にのみ注意を集め、人間性や社会組織の隠された必然性という観念を嘲笑しがちな現代人の合理的探照燈のもとでは映し出されないから」[125]だというのです。

このように、合理主義の精神が支配する資本主義社会では、人々は子供をもたない、あるいは一人しかもたないという傾向が強くなっていきます。

その結果、少子化が進むというわけです。

◆資本主義の発展の原動力は「家族動機」

それでは、どうして、少子化が進むと、資本主義は崩壊するというのでしょうか。

資本主義において、実業家の行動の動機は、もちろん、利潤の追求です。

しかし、シュンペーターは、これまでの資本主義において、実業家たちを利潤の追求に駆り立てていたのは、彼らの家族であったと考えました。

実業家たちは、自分の子や孫たちに財産を残してやりたいから、利潤を追い求めて、投資や貯蓄を行なっていたというのです。

「子や孫のために」という行動の動機のことを、シュンペーターは**「家族動機」**と呼んでいます。


さて、**子や孫の将来のためを考えて行動するということは、自分の一生より長いタイムスパンでものごとを考え、行動するということになります。**

つまり、「家族動機」に駆りたてられた実業家たちは、より長期的な視野の下で、投資をしたり、貯蓄をしたりするということです。自分が生きている間には利益を生まないかもしれないが、二十年後、三十年後には利益を生むような事業に投資をして、自分の子や孫がその利益を得られるようにしておこうと考えるわけです。

目先の利益を追うよりも、長期的な視点に立って、未来を見据えて投資をするような事業者が多くなければ、資本主義は発展しません。

要するに、**資本主義の発展の原動力となっていたのは、「家族動機」**だったのです。

ところが、先ほど述べたように、資本主義が発展すればするほど、その合理主義の精神が浸透するようになり、人々は、家族をもつことや子供を複数もつことをやめるようになります。

家族をもたない個人は、自分のことしか考えません。ましてや、自分が死んだ後のことなど、何の興味もないのです。

そうすると、自分の残りの人生より先の将来のために、今の生活を犠牲にして行動しようとはしなくなります。

今、お金があれば、それを消費に回して、今の生活を楽しむために使えばよいのであって、リターンの回収が自分の死んだ後になるような長期投資をする意味などない、というわけです。

シュンペーターは、こう述べています。

家族動機の提供していた推進力の衰退とともに、実業家の時間的視野はだいたい自分一生の予想だけを考える程度に縮小する。そうなれば彼は、かせぎ、貯蓄し、投資するという機能を果たすことに昔ほどの熱意を示さなくなるであろう。[126]

しかし、こうなると、長期的な投資が行なわれなくなるので、イノベーションも起きなくなります。その当然の結果として、資本主義は発展しなくなるのです。

少子化の問題は、単に人口が減って消費が減るとか、働き手が少なくなるといったようなことにあるのではありません。

人々が自分の一生よりも長い時間的視野で考えて行動しようとしなくなるので、長期的な投資が行なわれなくなり、イノベーションが起きなくなる。そして、資本主義のエンジンは停止する。

これこそが、少子化のもたらす真の問題だとシュンペーターは見抜いたのです。

◆マルクスのヴィジョンは正しかった！

イノベーションの自動化による企業者の無用化、政治的基盤の崩壊、私有財産制度と契約の自由の原則の形骸化、少子化と視野の短期化。

これらは、資本主義の土台を掘り崩す現象ですが、皮肉なことに、いずれも、元をただせば、資本主義の成功をもたらした合理主義の精神と文化が引き起こしているのです。

さらにシュンペーターは、資本主義の土台が崩れると、資本主義が破壊されるだけではなく、社会主義へと変わっていくと主張しました。

シュンペーターの言う「社会主義への移行」とは、経済システムにおける公共セクターの役割が次第に大きくなっていくことです。

資本主義の土台となる要件である私有財産制と契約の自由が形骸化すると、民間セクターの代わりに公共セクターが経済活動を行なうようになることに対する抵抗もまた、なくなっていくだろう。シュンペーターは、そう考えたのです。

> 資本主義過程はそれ自身の制度的骨組みを破壊するのみならず、また他の骨組みのための諸条件をもつくり出す。したがって破壊という言葉はやはり適当な言葉とはいえない。私は転形として語ったほうがよかったかもしれない。（中略）資本主義構造を下からささえていたあらゆる支柱が消失するとともに、社会主義的計画の不可能性も

消滅する。この二つの点においてマルクスのヴィジョンは正しかった。[127]

シュンペーターは、亡くなる前年の一九四九年、アメリカで「社会主義への前進」と題する講演を行ないました。

そこで、シュンペーターは、聴衆に向かって、資本主義社会が崩壊に向かっているという証拠として、アメリカの実業界や経済学者たちが、政府による景気対策、富裕層への課税などによる所得格差の是正、物価統制、労働市場や金融市場に対する規制、公共的企業、社会保障政策といった政策を当然のこととして受け入れるようになっていることを挙げています。[128] 二十世紀初頭までは常識であった自由放任の資本主義は、もはや受け入れられなくなりました。

要するに、経済システムにおける公共セクターの役割が大きくなっているのです。シュンペーターの「社会主義」の定義に従えば、まさに、アメリカは社会主義に向かって前進しているということになります。

しかも、この社会主義へと向かう流れは、世界恐慌と第二次世界大戦によって加速したとシュンペーターは付け加えています。[129]

◆インフレが招き寄せる社会主義

さらにシュンペーターは、インフレが社会主義への変化を促進する重要な要因になるだろうと論じました。

社会主義化するほどまでに成熟していない資本主義社会が、社会主義化を加速しようとするなら、インフレを引き起こすことだとシュンペーターは言っています。

インフレを引き起こすのは、中央銀行と、民間銀行に対する統制を強化した大蔵省です。

> なすべき第一のことは、インフレーションを引き起こすことである。まず銀行を奪取し、それを大蔵省と合併するか、あるいは協調せしめねばならぬ。次に中央当局ないし大蔵省はできるかぎり慣行的な方法を活用して、預金と銀行紙幣とをつくり出さねばならぬ。[130]

なぜ、インフレは、社会主義化を加速するのでしょうか。

インフレになるということは、貨幣の価値が下がるということです。それは、名目賃金を上げる一方で、債権の価値を下げるという効果があります。インフレは、労働者の力を強め、資本家の力を弱めるのです。加えて、インフレになると、民間企業の倒産が増えます。

> インフレーションはそれ自体である種の過渡的困難を緩和し、不公平な収奪を遂行するためのすぐれた手段たりうるものである。第一の点に関しては、たとえば貨幣賃銀率の急激な高騰は、少なくとも一時的には当然生ずべき実質賃銀率の暴落によって巻き起こされるはずの激昂を、しばらくのあいだ食い止めるのに役だつであろう。第二の点に関しては、インフレーションはすこぶる簡単な仕方で、貨幣債権の所有者を収奪する（中略）。最後に銘記すべきことは、しばらくはそのままでいけたかもしれない私的企業の一郭が、インフレーションのあらしによって激しく突き倒されるに相違ないということである。なぜならば、レーニンも指摘しているように、インフレーションほど組織を破壊するものはないからである。[131]

もっとも、資本主義が壊れるほどにインフレが進む前に、政府や中央銀行は、インフレを抑制するための政策を実施するかもしれません。

インフレ対策としては、利上げなどの金融引き締め政策、増税、あるいは物価統制などがあります。しかし、それらはいずれも、政府による経済管理を強化することにほかなりませんので、結局、社会主義へとまた一歩前進することになるのです。[132]

◆資本主義における社会化

社会主義への前進を速める要因の第一はインフレですが、第二は「社会化」であるとシュンペーターは言います。

シュンペーターは、資本主義から社会主義への過渡期においては、「資本主義のわく内における漸次的社会化が単に可能であるばかりでなく、予期さるべきもっとも明白な事柄ですらある」[133]と述べています。

この「漸次的社会化」の意味については、シュンペーター派のラゾニックが一九九一年に展開した議論が参考になります。[134]

ラゾニックは、シュンペーターにならった歴史的な視点に立って、十九世紀以降の資本主義の変遷を次のように描きました。

十九世紀のイギリスは**「所有者資本主義」**でした。

「所有者資本主義」では、資本家の一族が企業を所有し、経営していました。企業は、地域共同体における徒弟制で育成された技能労働者たちを雇い入れていました。このため、企業は、技能労働者が供給される特定の地域に集積して立地しました。

また、必要な資源は外部から調達すればよく、新規企業の参入も容易でした。労働力の分業と協業は、市場が調整したので、企業は、単体の工場の運営以上に、組織の経営管理の能力を発展させる必要はありませんでした。この「所有者資本主義」が、軽工業を中心とする第一次産業革命を支えたのです。

しかし、アメリカで**「経営者資本主義」**が台頭するようになり、一九二〇年代には、「所有者資本主義」にとって代わりました。

「経営者資本主義」は、「所有と経営の分離」によって、経営者は企業経営の専門家であり、専門職スタッフを内部に抱えて、企業を経営しました。労働力の分業と協業は、市場ではなく、組織が調整するようになりました。この方式によって、鉄鋼業や重化学工業など、高度な専門知識を必要とする大規模な資本集約的産業を、垂直統合によって効率的に

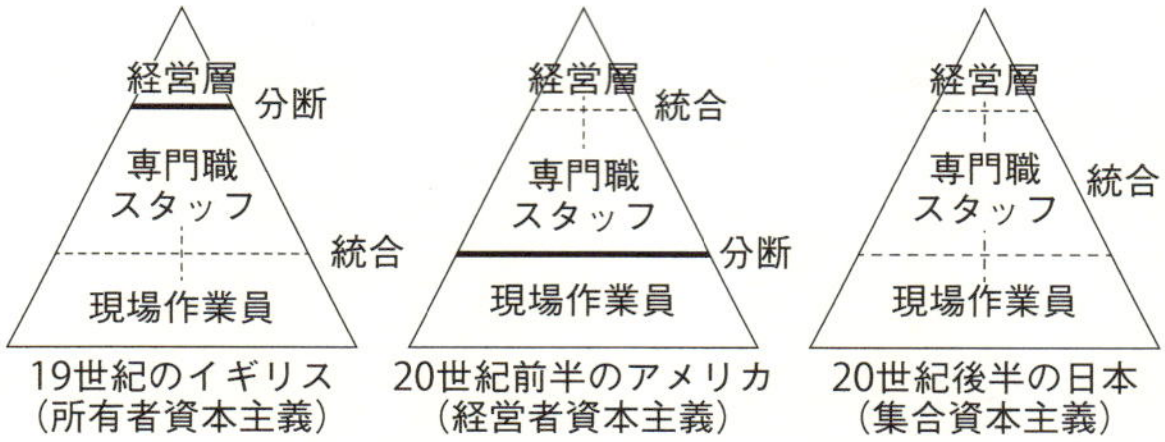

図13　19世紀以降の資本主義の変遷

出典）W. Lazonick, *Business Organization and the Myth of the Market Economy*, Cambridge, Cambridge University Press, 1991, p. 44, Figure1より筆者作成

運営できるようになりました。

この「経営者資本主義」によって、アメリカ企業は、第二次産業革命の勝者となったのです。

二十世紀後半になると、日本に**「集合資本主義」**が現れました。

「集合資本主義」とは、経営者が専門職スタッフのみならず、現場作業員ともコンセンサスを形成し、社員が全員参加で企業経営を行なうというものでした。企業は、終身雇用によって、技能労働者を組織内部で育成しました。企業間の調整は、企業グループ（系列）内で行なわれました。**「集合資本主義」とは、いわゆる「日本的経営」と呼ばれるものです。**

この三つのタイプの資本主義を図式化すると、図13のようになります。

十九世紀のイギリスにおける「所有者資本主義」で

は、経営者と従業員とが「分断」されていました。

二十世紀前半のアメリカで生まれた「経営者資本主義」では、経営者は専門職スタッフと統合されていましたが、現場の作業員との間が分断されていました。

二十世紀後半の日本の「集合資本主義」は、経営者と専門職スタッフと現場の作業員が統合されています。

シュンペーターは、二十世紀前半に、資本主義が「所有者資本主義」から「経営者資本主義」へと転換していくのを観察して、「社会化」が進んでいると考えました。「社会化」とは、ラゾニックの言う「統合」と言ってもよいでしょう。

その後、「経営者資本主義」が「集合資本主義」になると、「統合」はさらに深化して、現場作業員まで巻き込むようになります。「経営者資本主義」よりさらに「社会化」が進んだのが、「集合資本主義」なのです。

ラゾニックは、日本に現れた「集合資本主義」が、シュンペーターの言う「資本主義のわく内における漸次的社会化が単に可能であるばかりでなく、予期さるべきもっとも明白な事柄」を示すものであると示唆しています。[135]

◆シュンペーターは正しかったのか？

さて、資本主義は、その成功ゆえに自滅する。そして、社会主義の時代が到来する。このシュンペーターのヴィジョンは、正しかったのでしょうか？

確かに、一九四九年時点で考えれば、ある程度は、正しかったと言えるのかもしれません。

一九五〇年代以降、先進資本主義諸国では、ケインズ主義的な経済政策が普通に行なわれるようになり、また福祉国家化も進みました。累進所得税が導入されて所得格差も縮小しました。また、インフレが常態化するようになっていました。

こうして見ると、確かに一九五〇年代から一九七〇年代頃までは、シュンペーターが予測したとおり、資本主義諸国は、社会主義に向かって前進していたのです。

しかし、一九八〇年代以降は、この「社会主義への前進」は、受け入れがたいものと感じられるようになり、これを反転させようとするイデオロギーが台頭しました。いわゆる新自由主義です。

一九八〇年代初頭、イギリスのマーガレット・サッチャー政権やアメリカのロナルド・レーガン政権は、この新自由主義を信奉して、ケインズ主義的な経済管理、累進的な課税、価格統制などといった、政府の積極的な役割を否定し、公営企業の民営化、社会保障費の抑制、労働市場や金融市場の規制緩和などを次々と実施していきました。

この新自由主義のイデオロギーは、東西冷戦が終結して社会主義陣営の敗北が確定した一九九〇年代以降は、日本を含む各国にも広がっていきました。

特に、日本は、ラゾニックがシュンペーターの予測した「社会化」の進んだ形態である「集合資本主義」＝日本的経営を、自ら破壊していきました。

さらに、グローバリゼーションが進んだことによって、政府が資本主義を管理するのは、もはや不可能であると信じられるようになっていったのです。

◆データで見る「社会主義への前進」

ということは、「社会主義への前進」というシュンペーターの予測は、間違っていたのでしょうか。

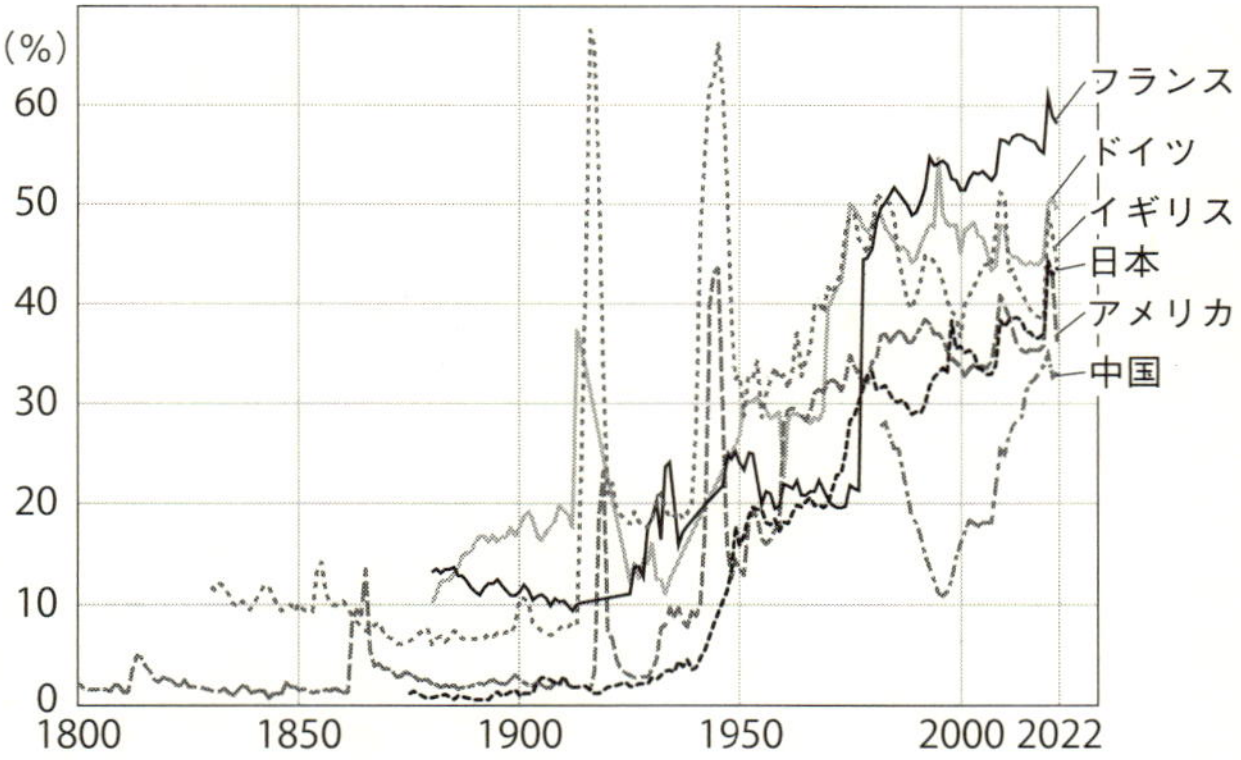

図14　政府支出の対GDP比（1800－2022年）
（利子を含んだ総政府支出）

データソース：IMF（2023年）

https://ourworldindata.org/government-spending

まずは、データで確認してみましょう。[136]

図14は、一八〇〇年から今日までという長期にわたって、イギリス、アメリカ、フランス、ドイツ、日本そして中国における国内総生産（GDP）に占める政府支出の比率の推移を表しています。要するに、「政府の大きさ」です。

これを見ると、確かにシュンペーターが言ったように、一九三〇年代の世界恐慌や一九四〇年代の第二次世界大戦を経て、政府は格段に大きくなっています。

そして、一九五〇年代以降、政府はさらに大きくなっています。

しかも、一九八〇年代以降の新自由主義の台頭や、一九九〇年代のグローバリゼーションの進展にもかかわらず、政府はそれほど小さくなってはいません。

なお、二〇二〇年頃、各国とも、対GDP比政府支出が一時的に急上昇していますが、これは言うまでもなく、新型コロナウイルス感染症のパンデミックへの対応のせいです。

各国の対GDP比政府支出を、一九五〇年と二〇一九年で比較してみると、イギリスは三二・二%から三八・五%へ、フランスは二四・一%から五五・四%へ、ドイツは二七・二%から四五・〇%へ、アメリカは一三・四%から三六・〇%へ、日本は一五・九%から三七・三%と、いずれも政府ははるかに大きくなっています。特にイギリスとドイツ以外の国々では、対GDP比政府支出が倍以上になっているのです。

また、政府支出の伸び率で見ても、図6で示したとおり、一九九〇年代後半以降も、先進諸国は政府支出を伸ばし続けています。

このうち、日本だけは、政府支出をほとんど増やさない緊縮財政を続けました。ところが、そのせいでGDPが成長しなくなったために、二〇一九年の対GDP比政府支出は、新自由主義的な改革を始めた一九九〇年代以前よりもむしろ大きくなっています。「小さな政府」を目指した結果、政府を大きくしたというわけです。

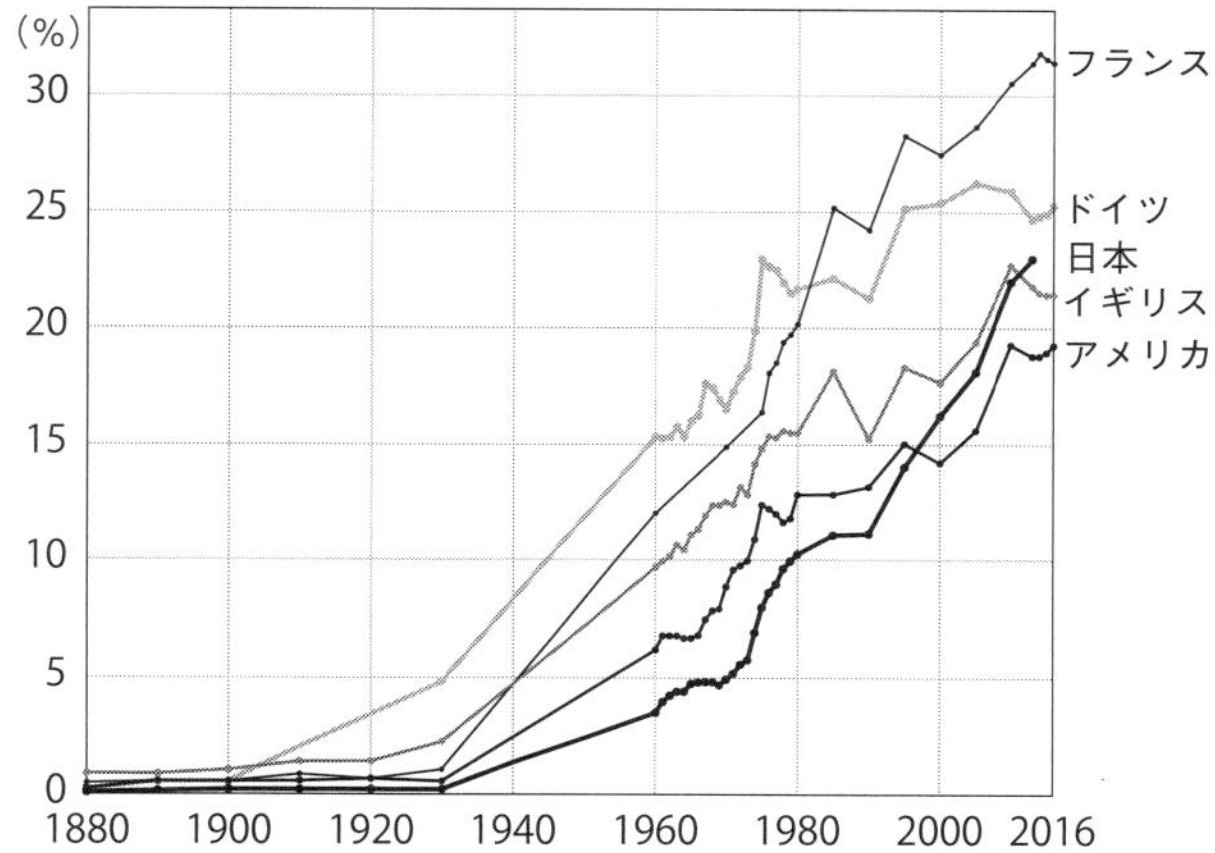

図15　社会保障支出の対ＧＤＰ比（1880－2016年）
社会保障支出には、健康、高齢者対策、障害関連給付、家族、積極的労働市場プログラム、失業、住宅などの分野が含まれる
出典：OECDとリンダート（2004）に基づくOur World in Dataのデータ
https://ourworldindata.org/government-spending

図14のうち、特に注目すべきは、中国の政府の大きさの推移です。

中国は、二〇〇一年にＷＴＯ（世界貿易機関）に加盟し、本格的にグローバルな資本主義システムに組み込まれましたが、それと並行して、対ＧＤＰ比政府支出は小さくなるどころか、むしろ急激に大きくなっているのです。

また、シュンペーターは「社会主義への前進」の証拠の一つとして、社会保障政策を挙げていましたが、対GDP比社会保障支出は、米英仏独日のいずれの国においても、一九八〇年代以降も上昇傾向にあることが確認できます（図15）。

このように、少なくともデータを見ると、「社会主義への前進」は、一九八〇年代以降もゆっくりと続いていたと言えます。

◆「社会主義への前進」は続いている

一九八〇年代以降に台頭した新自由主義のイデオロギーと、それに基づく一連の改革は、言わば、「社会主義への前進」を阻止し、資本主義を守ろうとする試みであったと言えます。

しかし、図14や図15を見る限り、「社会主義への前進」が反転したり、止まったりしたというわけではなさそうです。

それどころか、第六章において見てきたように、新自由主義に基づいて行なわれた一連の改革は、企業によるイノベーションを起こしにくくし、スタートアップ企業の開業率を引き下げるという結果を招きました。シュンペーターの言う「企業者」の役割は、かえって低下したのです。

また、シュンペーターは、資本主義は、その土台を支えている政治を劣化させると論じましたが、今日、政治が劣化している証拠を見つけ出すことは、簡単でしょう。

シュンペーターは、株式市場の発達によって、私有財産（企業）の所有者がその運営の責任を負わなくなるので、私有財産制度の基本原則が骨抜きになると論じました。

新自由主義的な改革は、その株式市場の力を肥大化させたのです。「株主資本主義」です。その結果、企業の所有者である株主は、企業の経営に責任を負わないだけではなく、企業が生み出した価値を略奪するようになりました。

さらに、シュンペーターは、顔の見える個人同士が契約を結ぶということがなくなって、契約の自由は形骸化すると論じました。

新自由主義的な改革が生み出した「株主資本主義」の下では、労働者が企業との契約によって決める雇用条件は、顔の見えない不特定多数の株主たちの意向によって左右されることになります。

こうして見ると、**資本主義を支える私有財産制度と契約の自由は、今日、その本来の意味を失って、形だけのものとなった**とも言えるのではないでしょうか。

資本主義の崩壊が進展しているという証拠は、まだ、あります。

シュンペーターは、資本主義社会の合理主義精神が蔓延すると、少子化が進み、人々の「家族動機」が希薄化して、経済行動における視野が短期化すると論じました。

そして、現在、先進諸国では少子化が大きな問題となっています。同時に、企業経営者たちは、短期的な利益の最大化にばかり関心をもって、長期的な投資をしなくなっています。

シュンペーターは、インフレになると、政府は、利上げ、増税、物価統制などの経済管理を強化するので社会主義化が進むと論じました。確かに、二〇二〇年代初頭のインフレでは、欧州中央銀行やＦＲＢ（連邦準備制度理事会）が利上げを実施しました。また、アメリカは、インフレ抑制法を成立させ、インフレを抑制するために、巨額の財政出動を行ないました。日本でも、電力価格やガソリン価格を抑制するための措置が講じられました。政府の経済管理が強化されているのです。

極めつけは、第七章で紹介したマリアナ・マッツカートの企業家国家論でしょう。今や、イノベーションの主な担い手は政府なのであり、民間企業のイノベーションも政府の産業政策に依存しています。しかも、新自由主義的な改革によって、民間企業が短期的な利益の追求に走るようになって以降、この傾向は強まっています。

こうして見ると、シュンペーターが予測した「社会主義への前進」は、一九八〇年代以降の新自由主義的な改革による抵抗にもかかわらず、進展していたように思われます。**それどころか、新自由主義的な改革は、資本主義の自滅をかえって早めたようにすら見受けられます。**

シュンペーターの予測が当たっていたのかを考えるにあたって、とりわけ注目すべきは、日本です。

日本は、政府が支出を抑制し、産業政策をやらなくなった一方で、新自由主義的な「コーポレート・ガバナンス改革」を推し進めて、日本的経営（集合資本主義）を破壊してきました。言わば、シュンペーターの予測した「社会化」に逆行してきたのです。

その結果、日本経済は発展しなくなり、イノベーションも起きなくなってしまいました。おまけに、第三章で論じたように、デフレを長く放置したがために、資本主義の要件の一つである信用創造すらも機能不全に陥ってしまったのです。

◆保守主義者シュンペーター

こうして見ると、資本主義は生き残ることができないというシュンペーターの予測は、実は、おおむね当たっていたと言えるのではないでしょうか。

このようなことを言うと、「社会主義を支持するのは、左翼だ！」などとＳＮＳで騒ぎ立てる人が出てこないとも限らないので、本章の冒頭で述べたことを繰り返しておきましょう。

シュンペーターは、社会主義について、それが望ましいとか、望ましくないとかいった見解は、持ち合わせていません。社会主義を目指せとも、阻止せよとも言っていません。彼は、あくまで、資本主義について社会科学的に考察した結果として、資本主義は自壊して社会主義になっていくだろうと予測しているのです。

そして、私も、あくまで社会科学的に分析した結果として、どうやらシュンペーターの予測は当たっているようだと考えた、ということです。

ですから、「社会主義への前進」というシュンペーターの予測を支持することは、左翼だの右翼だのといったイデオロギーとは、何の関係もありません。

さらに念のために、シュンペーターは、むしろ保守主義者の一人に数えられている人物であり、彼自身も自分を保守主義者だと考えていたということも付け加えておきます。[137]『資本主義・社会主義・民主主義』を発表した年の前年の講演において、シュンペーターは、保守主義を定義して、**「人間的な価値の損失を最小限にしつつ、今の社会構造を別の社会構造へと転換すること」**だと述べています。[138]

保守主義とは、社会構造の転換を拒否する姿勢ではありません。シュンペーターが強調するように、経済は「動態的」なのであって、社会構造の転換は避けられません。しかし、その社会構造の転換に伴う「人間的な価値の損失」、例えば、失業、家族や地域社会の崩壊、モラルの低下、環境破壊などは、できるだけ最小限にとどめるべく奮闘努力する。それが、保守主義なのです。

一九八〇年代に、イギリスのサッチャー政権、アメリカのレーガン政権、日本の中曽根政権などが新自由主義を標榜《ひょうぼう》してからというもの、新自由主義はしばしば保守主義と同一視されてきました。

新自由主義的な改革を実施してきたのも橋本政権、小泉政権、安倍政権など、「保守」とされる自由民主党政権でした。

しかし、これらの改革は、長期停滞、実質賃金の低下、格差の拡大など、人間的な価値の損失を大きくしつつ社会構造を転換するものでした。しかも、それらは「痛みを伴う改革」として正当化されたのです。

新自由主義は、シュンペーターの定義によれば、保守主義ではないのです。

◆「酸素吸入器付きの資本主義」

もちろん、現代の資本主義がすでに崩壊したというのは、いささか言いすぎかもしれません。

先ほど論じたように、シュンペーターが社会主義化の兆候と考えたような現象が起きているのは事実ですが、それでも、社会主義の時代が到来したとまでは言えないでしょう。

しかし、先ほど述べたように、シュンペーターの予測は、「一世紀といえども『短期』

である」という、非常に長い目で見たものであることを思い出してください。

それを踏まえて考えてみれば、現代の資本主義において、政府の財政金融政策、規制、社会保障あるいはイノベーション政策の役割が、一九五〇年代以前と比較して、格段に大きくなっていることは間違いありません。

とりわけ、二〇〇八年の世界金融危機（リーマンショック）は、政府の積極的な経済介入がなければ、資本主義経済は維持できないことを明らかにしました。今では、市場均衡理論を信奉してきた主流派経済学者たちですら、そのことを認めざるを得なくなっています。

二〇二〇年代に入り、各国政府は、インフレ対策、地球温暖化対策あるいは経済安全保障などを理由に、さらに経済介入を強めているのも明らかです。

現代の資本主義は、確かに、まだ崩壊していないのかもしれません。しかし、それは、政府の積極的な経済介入のおかげで何とか維持できているということではないでしょうか。

そのような状態に陥った資本主義のことを、シュンペーターは、社会主義への過渡的な形態とみなし、それを**「酸素吸入器付きの資本主義」**と呼びました。

> そのようなシステムは、なお資本主義と呼ばれるであろうことは疑いない。しかし、それは、人工装置によって生きながらえ、過去の成功を担保してきた機能のすべてが麻痺した、酸素吸入器付きの資本主義なのである。[139]

資本主義は弱り切って息も絶え絶えなのであり、政府の積極的な経済介入という「酸素吸入器」がなければ、死んでしまうという末期状態にあるというわけです。

実際、日本は、一九九〇年代以降、三十年にわたって、規制緩和、自由化、民営化、産業政策の放棄、緊縮財政など、政府の積極的な経済介入という「酸素吸入器」を外してきました。

その結果、日本は、デフレに陥って資本主義の機能が停止し、イノベーションが起きなくなり、経済成長もしなくなりました。

これは、**「酸素吸入器」を外したから、資本主義が生きていけなくなった**ということではないでしょうか。

そうだとすると、「失われた三十年」という日本の経験は、資本主義が政府の介入なしには生きていけない末期状態にあることを示しているのかもしれません。

日本は、はからずも、「資本主義は生き残ることができない」というシュンペーターの予測の正しさを立証してしまった。

どうやら、そういうことのようです。

おわりに――シュンペーターと日本

最後になりましたので、シュンペーターと日本との関わりについて簡単に紹介しておきましょう[140]。

明治維新以降、経済発展を目指す日本にとって、『経済発展の理論』の著者は非常に重要な経済学者でした。このため、戦前、多くの経済学者がシュンペーターから学ぼうとしました。後に戦後日本の経済学界における重鎮となる中山伊知郎や東畑《とうはた》精一《せいいち》は、ボン大学に留学してシュンペーターに学び、ハーバード大学では都留重人が彼の指導を受けました。

また、一九二四年、銀行の頭取を辞した後のシュンペーターに、最初にポストをオファーしたのは東京帝国大学だったそうです。一九三一年、シュンペーターは日本に招かれて講演を行ない、大きな反響を呼びました。この来日時、シュンペーターは、東京、日光、箱根、京都、奈良、神戸を訪ねて日本の伝統文化に触れ、大いに魅了されたようです。

シュンペーターが著した一一の書籍のうち、一〇が邦訳されています。これほどシュンペーターの著作の翻訳が出た言語は、日本語だけとのことです。[141]

このように、戦前の日本人たちは、かなり早い段階からシュンペーターに着目し、その理論を貪欲《どんよく》に吸収しようとしていたことが分かります。

そして、それは、戦後日本の奇跡的な経済発展へと結実しました。

シュンペーターの評伝を書いたトーマス・マクロウは、こう書いています。

日本では、占領軍が撤収した一九五二年から石油危機の一九七三年まで、政策担当者たちが、シュンペーターの示唆の多くを非常に注意深く採用したのである。[142]

もちろん、純粋にケインズ的、マルクス主義的、シュンペーター的あるいはハイエク的な国民経済というものは、存在しない。しかし、一九五三年から一九七三年の奇跡的な経済成長期における日本的システムの中核がシュンペーター的であったことは間違いない。[143]

戦後日本の経済発展は、まさにシュンペーターの理論を立証するものだったのです。そして、シュンペーター派の研究者たちからも、そう見なされていました。

例えば、イノベーション研究の第一人者クリストファー・フリーマンは、日本の産業政策を研究しています。[144] ウィリアム・ラゾニックが日本の資本主義に関心をもっていたことは、すでに述べました。

ところが、**一九九〇年代に入ると、日本は、構造改革と称して、シュンペーター的な中核をもった日本的システムを、自ら進んで破壊し始めました。**

しかも、その構造改革を高らかに宣言した二〇〇一年の「骨太の方針」は、シュンペーターの言った「創造的破壊」をやるのだとぶち上げていました。

もちろん、それまでの日本の経済構造や企業経営のあり方にも問題や限界があったのでしょう。時代の変化に応じた改革が必要だったのも事実でしょう。

しかし、だからと言って、シュンペーターの理論にまったく反するような改革をやることはないでしょう。しかも、そんな改革の方針を、シュンペーターの言葉を引きつつ閣議決定までしたというわけですから、これは、相当にたちが悪い。その後の日本経済の衰退や日本企業の没落は、その当然の報いだと言うほかありません。

シュンペーターに従って発展し、シュンペーターに背いて衰退した国。それが日本だと言ってもよいのではないでしょうか。

読者の中には、本書の内容、特に第八章にショックを受けて、「私たちは、具体的にどうしたらいいのだろうか、教えてほしい」「どんな政策をやればいいのか、処方箋を提示してほしい」と思われた方もいるかもしれません。

実は、シュンペーターは、そういう「具体的な政策提案をよこせ」という性急な求めに応じるのを嫌がる人だったようです。

それは、経済理論は価値中立的な科学であるべきだという彼の信念によるものだと思われます。

また、シュンペーターの理論は、長期的かつ壮大な経済システムのヴィジョンなのであり、彼が提示している資本主義の問題は、そう簡単に解決できるような性質のものではないという事情もあったのかもしれません。

とは言うものの、本書第三章で紹介した「貨幣循環理論」、第六章で紹介したラゾニックの「革新的企業の理論」や、第七章で紹介したマッツカートの「企業家国家論」など、シュンペーターの流れを汲む現代の経済理論は、日本政府がどのような政策を行なえばよいか、あるいは、行なってはならないかをはっきりと示しているはずです。
ですから、具体的な政策を知りたい方は、これらの章を読み返していただければ、自ずと何をすべきか分かるだろうと思います。
いずれにしても、私たち日本人にとって大切なことは、シュンペーターをもう一度しっかりと学び直すことです。

ところで、資本主義の不可避的な崩壊を予測した『資本主義・社会主義・民主主義』に対しては、その出版当時から、これをシュンペーターの「敗北主義」だとして批判する声があったようです。そういう批判に対して、シュンペーターは、同書の第二版の序文において、猛然と反論しています。

敗北主義とは、行動との関連においてのみ意味をもつ一定の精神状態をいう。事実そのものやそれから導き出される結論は、たとえそれがいかなるものであろうとも、けっして敗北主義的でもその反対でもありえない。ある船が沈みつつあるとの報告は、けっして敗北主義的ではない。ただこの報告を受け取る人の精神のみが敗北主義的たりうるにすぎない。たとえば、船員はこの場合に座して酒を飲むこともできる。また船を救うべくポンプに突進することもできるのである。その報告がたんねんに実証されているにもかかわらず、ただ単にそれを否定するような人があれば、そのような人は逃避主義者である。

ここに、シュンペーターの精神の高貴さが表れていると思います。こういう台詞《せりふ》が言える人間に、是非ともなりたいものです。

二〇二四年十月

中野剛志

【注釈】

1 「ヨーゼフ・アロイス・シュムペーター」とも表記されますが、本書では、英語読みにならって「ジョセフ・アロイス・シュンペーター」で統一します。

2 F. Block, 'Secular stagnation and creative destruction: Reading Robert Gordon through a Schumpeterian lens', in L. Burlamaqui and R. Kattel (eds.), *Schumpeter's Capitalism, Socialism and Democracy: A Twenty-First-Century Agenda*, London, Routledge, 2019, p.209.

3 https://newrepublic.com/article/114395/three-most-important-thinkers-about-innovation-you-dont-know

4 シュンペーターの生涯については、McCraw（2007）および左記ＵＲＬを参照しました。
http://hokuga.hgu.jp/dspace/bitstream/123456789/345/1/KEIEI-7-4-4.pdf

5 Ｊ・Ａ・シュンペーター著、八木紀一郎・荒木詳二訳『シュンペーター　経済発展の理論』（初版）（日経ＢＰ／日本経済新聞出版本部）二〇二〇年、九七－九八頁

6 シュンペーター（2020, pp.42-44）

7 シュンペーター（2020, p.63）

8 シュンペーター（2020, pp.192-3）

9 シュンペーター（2020, pp.266-8）